"荣耀作文"系列

守正198

妙笔生花

你也可以

小学生分类作文指导

王深根 选编

浙江工商大学出版社

ZHEJIANG GONGSHANG UNIVERSITY PRESS

图书在版编目（CIP）数据

妙笔生花 你也可以：小学生分类作文指导／王深根选编. —杭州：浙江工商大学出版社，2017.8
ISBN 978-7-5178-2299-8

Ⅰ. ①妙… Ⅱ. ①王… Ⅲ. ①作文课－小学－教学参考资料 Ⅳ. ①G624.243

中国版本图书馆 CIP 数据核字（2017）第 175734 号

妙笔生花 你也可以
—小学生分类作文指导

王深根 选编

策划编辑	周敏燕
责任编辑	厉 勇 杨 戈
封面设计	林朦朦
绘 图	谢小慧
责任印制	包建辉
出版发行	浙江工商大学出版社
	（杭州市教工路 198 号 邮政编码 310012）
	（E-mail:zjgsupress@163.com）
	（网址:http://www.zjgsupress.com）
	电话:0571－88904980,88831806（传真）
排 版	杭州朝曦图文设计有限公司
印 刷	杭州五象印务有限公司
开 本	710mm×1000mm 1/16
印 张	12
字 数	223 千
版 印 次	2017 年 8 月第 1 版 2017 年 8 月第 1 次印刷
书 号	ISBN 978-7-5178-2299-8
定 价	23.00 元

荟萃优秀作品　传递写作智慧

　　小学三年级,孩子开始正式接触作文这个新事物,并学着写各种类型的作文。从一、二年级的看图写话,到真正自主完成一篇正儿八经的作文,从口头表达到书面表达,从嘴巴能侃侃而谈,到能用一支笔抒发自己五彩斑斓的心情,描绘自己每一天的观察和发现,叙述一件件生活里看似平淡但无比真实又记忆深刻的事情……

　　其实,要做到这些,并不那么容易,它需要一个过程。

　　这个过程对很多孩子而言,漫长而艰辛。

　　或许你看见你的孩子,咬着笔杆,眉头紧锁,10分钟过去了,20分钟过去了……他面前的白纸依然是一片空白,正如孩子一片空白痛苦纠结的大脑。

　　或许你看见你的孩子,绞尽脑汁,抓耳挠腮,花费1个多小时,才勉强写了一段100多个字的"作文",你读了之后,只能生气地冲孩子喊:"这都写的什么玩意儿!"

　　或许你看见你的孩子,水平似乎还不错,1个小时内,写了两三百字,甚至更多。你兴冲冲读了,却只能摇头叹气:真是流水账,简直没法看,这是作文吗? 味同嚼蜡。

　　为了充分帮助学生从优秀习作中受到启迪,从而有效提升习作水平,我们特编选了这本《妙笔生花,你也可以——浙江省小学生分类作文》。

　　这些习作选自浙江省11个大市的小学名校,作品的整体质量体现了浙江省小学生习作的最高水平。

　　全书按习作体例,依次分为写人、记事、状物、写景、游记、应用、童话和开放作文八个单元。所谓的开放作文,是指不限体裁、不限内容,类似于随笔类的作文。这八个部分,全都是先对应教材中相应的要求、各地期末考试出现过的作文题,再概括介绍名校的习作经验、习作方法,最后展示学生的优秀习作和名师的精彩点评。这样的安排,把习作理论与实践结合起来,学生看得懂,容易学,效果好。

　　这些充满童趣的作文,在笔者看来,已然是孩子创作的了不起的作品。这一篇篇作品,富有生命的灵气,充满了童真童趣,洋溢着孩子们单纯的犹如天籁般对生活最热情的歌唱,读来饶有趣味,让你内心一瞬间变得和阳光一样敞亮，和云朵一样柔软。

读着读着，你的嘴角就会不自觉地上扬，露出发自心底的轻松的笑。哪怕之前心里负载了再多的负能量，也能一下子烟消云散。

孩子与生俱来的天马行空的想象力，也会把你深深折服。

感谢这些学校的领导、老师、同学（有的现已升入初中，但为了尊重原作，本书在习作署名时，仍按原年级），感谢各地教研室的同行和周秀萍等特级教师为本书文稿的遴选所做的大量工作。

教育家孙云晓在解答家长问题的时候曾说，有些常看书的孩子，他们只是对书中的内容（故事情节、图片、科普知识等）感兴趣。对于文章的词句的使用、章节的分配等提高文字表达能力的部分他们并不关心，这样就出现了常读书却没有提高写作水平的现象。

问题的症结就在这里：虽然有些孩子读了一些名著，但名著的营养一时难以消化，短时间内无法迅速提升他们的作文水平。相反，同龄人的佳作则更容易模仿借鉴，对他们的写作大有帮助。

很多时候，孩子们不知道怎么去形容一样东西，怎么去讲述一件事情，怎么去描绘一个场景。这个时候，有一本同龄人的优秀作文汇编，其实是很有必要的。

让我们虚心向名校优秀作文学习，也期待每一位学生都能从本书中获取智慧，像蜜蜂采蜜一样，集思广益，多多借鉴，写出漂亮的文章来。

王深根

2017 年 1 月

目　录

惟妙惟肖写人篇

三年级

奶奶也爱赶时髦 / 3　　　　　神奇老爸 / 4

歌迷老爸 / 5　　　　　　　　月亮小公主 / 6

你们喜欢我吗 / 7　　　　　　熟悉的陌生人 / 8

四年级

深夜里的白衣天使 / 9　　　　妈妈的唠叨 / 10

我是小小魔术师 / 11　　　　　姐姐其人其事 / 12

磨蹭女儿遭遇粗心老妈 / 14　　我们的书法老师 / 15

五年级

送你落地，便可生根 / 16　　　阿太 / 18

卖鱼刘 / 19　　　　　　　　霹雳女侠 / 20

卖麻糍的老人 / 21

六年级

"小馋猫" / 22　　　　　　　我是一条"百变虫" / 24

忘不了的伙伴 / 25　　　　　　巧手外婆 / 26

家有"三马" / 28　　　　　　我们的"张果老" / 29

真情实感记事篇

三年级

远去的鸽影 / 32　　　　　　窃读记 / 34

养蚕记 / 35　　　　　　　　卡刺记 / 36

摘桑果 / 37　　　　　　　　喜得"宝地" / 38

四年级

滑雪 / 39　　　　　　　　　精彩十分钟 / 40

斗蛋 / 41

爆米花 / 42

这到底怎么了 / 43

我孵小鸡的故事 / 44

五年级

抓蚂蚱 / 46

草莓花儿朵朵开 / 47

快乐的野炊 / 48

"卖菜喽" / 49

一次掰手腕比赛 / 50

蛇形路队 / 52

六年级

捕螳螂 / 53

第一次封红包 / 54

"师"路　花路 / 55

剪刘海 / 56

元宵看戏 / 58

"辈分"之烦恼 / 59

情态万千状物篇

三年级

凌波仙子——水仙 / 63

小白 / 64

可爱的蚂蚁 / 65

奇特的蜗牛 / 66

我家的"巡逻兵" / 67

可爱的QQ狗 / 68

四年级

洛桃 / 69

垃圾鱼 / 70

野猫 / 71

"来福"和它的孩子们 / 73

楼下的枇杷树 / 74

欢喜冤家 / 75

五年级

蚕儿 / 76

囚虾记 / 77

忘不了的老家臭豆腐 / 78

龙虾斗 / 79

六年级

竹茶 / 81

家乡的青饼 / 82

胜于黑白的一角 / 83

出神入化的《多子图》/ 84

情景交融写景篇

三年级

彩虹 / 89

我家的菜地 / 90

我爱家乡的桑果 / 91

黄山观猴 / 91

四年级

乡村桃花园 / 92   美丽的中央山公园 / 94
日落月升 / 95   梅溪 / 96

五年级

冬雪之美 / 97   白云深处是我家 / 98
又是一年菜花黄 / 99   幽雪 / 100

六年级

下乡散记 / 102   屋后即景 / 103
雷雨 / 104   海滨访友 / 105

身临其境游记篇

三年级

春游去喽 / 109   看稻草人 / 110
朱家尖南沙之行 / 111   游方岩 / 112

四年级

春游牛头山 / 113   "江山"如此多娇 / 115
美丽的香港,童话的迪士尼 / 116   四海山游记 / 117

五年级

游杭州野生动物世界 / 118   石夫人 / 120

六年级

难忘的哈尔滨之旅 / 121   东坪印象 / 122
仙居之旅 / 124   植物园探梅 / 125

活学活用应用篇

三、四年级

刺猬周记 / 129   可敬的蚂蚁 / 130
忠心义胆真挚情 / 131   《小木偶的故事》续写 / 132

五、六年级

惊魂之夜 / 133   我把春天告上法庭 / 135
给妈妈的一封信 / 136   《三国》人物论 / 137
把握时机 让人生更精彩 / 139   何畏尔等抄袭之辈 / 140

天马行空童话篇

三年级

学飞的母鸡 / 145　　　　　　寻找"第一" / 146
我是一朵蒲公英 / 147　　　　兔子和狼的较量 / 148
橡皮的遭遇 / 149　　　　　　"嬉"水节 / 150

四年级

文明溪恶龙 / 151　　　　　　一只小老鼠的告白 / 153
春天里的故事 / 154　　　　　小兔玲玲的故事 / 155

五年级

愿望玻璃 / 156　　　　　　　巴巴拉咕星球之旅 / 157
苍蝇夺冠记 / 159　　　　　　小猴子解难题 / 161

六年级

乌丢丢旅行记 / 162　　　　　鞋魔 / 163
最后一片树叶 / 165　　　　　小猪唏哩呼噜搬家记 / 167

自由翱翔开放篇

三年级

茉莉兰雪 / 170　　　　　　　蓝天 / 172

四年级

"养鱼"和"养人" / 172　　　　眼保健操，爱你真的不容易 / 173

五年级

尘·舞 / 175　　　　　　　　生命的敞亮 / 176
武松应聘记 / 177

六年级

假如有来生 / 179　　　　　　单飞的滋味 / 180
黑玫瑰 / 182

惟妙惟肖写人篇

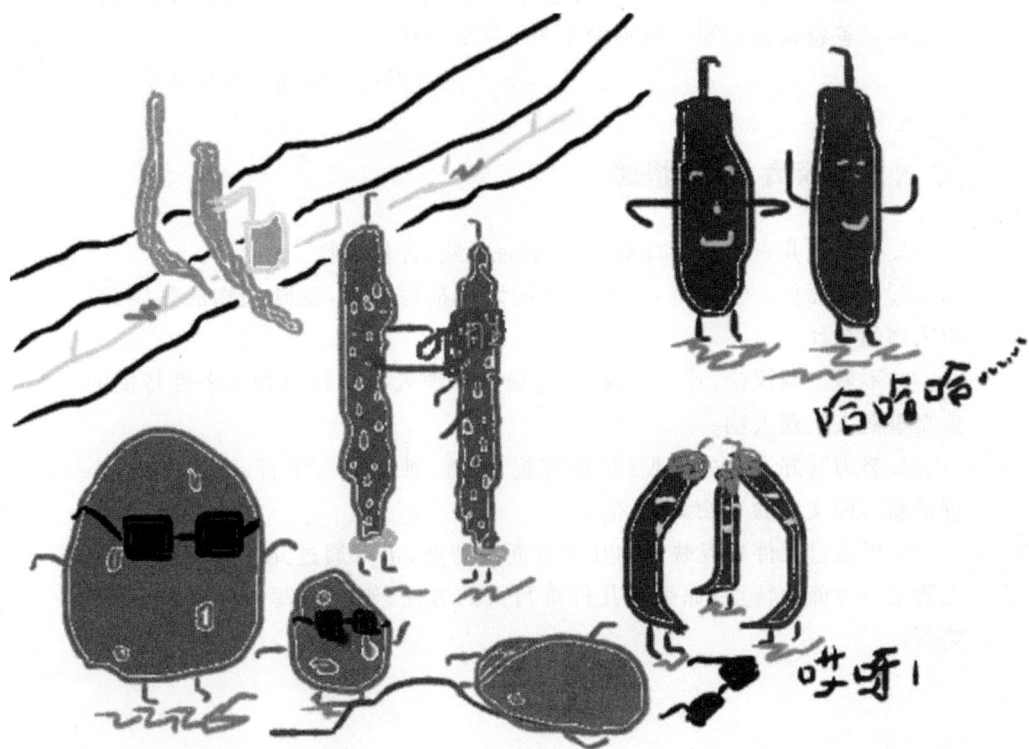

哈哈哈……

哎呀！

关联教材　日积月累

从三年级的"说说我自己""夸夸我的同学",到五年级的"一个特点鲜明的人",写人作文一直是重点,也是难点——所谓画人画皮难画骨。

我们来具体看看五年级(下册)第七单元习作的要求:一个特点鲜明的人,总是给人留下深刻的印象,即使偶然见上一面,他(她)的音容笑貌、举手投足,也会留在心中挥之不去。这次习作,我们就来写这样一个人,可以是身边熟悉的人,也可以是偶然见到的陌生人。写的时候,试着运用课文中一些写人的方法,写出他(她)某一方面的特点。

真题呈现　小·试牛刀

我们身边形形色色的人,各具特点。如果要把你所熟悉的一个人(爸爸、妈妈、老师、同学、朋友等),想象成某种动物(不一定是十二生肖中的动物),你的脑海里会"冒出"哪种动物呢?为什么?

请以此为话题,选择一位你最想写的人,以《××属(　)》为题,例《妈妈属老鼠》《爸爸属猫》,写一篇不少于400字的习作。

——六年级(上)杭州西湖区期末统考

点滴技法　友情快递

1.鼓励从儿童的视角观察人物、表现人物、评价人物。

2.要求抓住人物的特点,用儿童的语言描写人物,反映人物的品质,写出人物的个性。

3.不做空洞议论,让事实说话,选最能体现人物精神风貌与个性特征的典型事例去呈现人物。

4.努力写好人物的外貌(包括容貌、衣着、神态等)、语言、动作(包括心理活动),使文中的人物鲜活、生动。

5.可通过几件事反映人物几个方面的特点,也可通过几件事,集中体现人物某一方面的特点;如采用几件事写人的方法,则宜详写一件事,其余的略写。

名校范文　快乐分享

三年级

奶奶也爱赶时髦

爱美之心人皆有之。这阵时髦风,不仅吹得年轻人心儿飞扬,就连我家那年过六旬的奶奶也开始赶时髦。

赶时髦之一:染发

以前的奶奶,头发短短的,直直的。最近,看着马路上那些来来往往的人,大都有着一头或金黄或棕黄的头发,而且发型不一,奶奶有点心痒痒了,为了使自己赶上时代的潮流,便也开始留起了长长的头发。这不,还进了美发店呢!瞧瞧,昔日的"白头翁"摇身一变,成了"金毛狮子"。最离谱的就是那一头卷发,吓得我直叫"老妖怪",半天回不过神来。

赶时髦之二:网购

一波未平,一波又起。奶奶不知什么时候从妈妈那里学会了"淘宝"。妈妈一去上班,奶奶就缠着我帮她打开淘宝网。看了一会儿,奶奶就看中了一件衣服,她让我点击购买。我说:"要有支付宝才行。"奶奶说:"那用你妈的先付吧。"过了几天,奶奶收到了包裹,乐开了花。没想到,过了一星期,奶奶竟"得寸进尺",让爸爸帮她注册"支付宝"。自从拿到账号后,她几乎再也不去逛街了,一有空就泡在"大众澡堂"——淘宝网上。前不久,还给妈妈买了个直挂熨烫机。嘿,还真成行家了!

赶时髦之三:拍照

今年是爷爷和奶奶结婚四十周年,奶奶一直有个愿望。爷爷奶奶那个年代,因为家里穷,没有拍结婚照,所以她提出要和爷爷补拍一张结婚照,可是爷爷死活不肯去。最后,奶奶平静地说:"算了,我也不勉强你,反正你烟别想抽了。"爷爷只得答应。来到婚纱店,奶奶用命令的目光逼着爷爷穿上西装,戴上领带。随后,自己也穿上婚纱,化了点妆,准备就绪。"笑一笑,再靠近点。""咔嚓",一张婚纱照留了下来。奶奶拿回婚纱照后,把它挂在床前,天天乐滋滋地看着……

看着时髦的奶奶,整天乐呵呵的,我们一家人也更开心了。

三门县海游镇中心小学三年级　林鹤鸣

名师点评：

> 　　作者通过奶奶染发、网购和拍照三件事情的描写，反映出奶奶爱赶时髦、与时俱进的年轻心态。文章的结构安排十分清晰、简洁。全文依次用小标题串联，很有特色。
>
> ——梅小娇

神 奇 老 爸

　　我的爸爸个子不高，鼻梁上架着一副黑框眼镜，镜片后面是一双细长的眼睛。眼镜分明是近视的标志，却被爸爸视为一种向我炫耀的资本。他总是神气地对我说："戴眼镜的人聪明，你老爸我就是这样的人！"每次我都笑他："你少吹牛吧！"

　　不过事实证明老爸的牛皮真不是吹出来的。他懂的东西真多，似乎什么都知道。老爸手也很巧，家里不论什么东西坏了，他都能修好，小到我的玩具，大到家里的电视、冰箱。我不得不佩服，所以在家里我总是称他"神奇老爸"。

　　听奶奶说，"神奇老爸"小时候优点很多，但就是太贪玩。奶奶这话一点也不假。爸爸喜欢各种运动，只要一放假，不是钓鱼就是打球，东跑跑、西转转，一刻也闲不住。有时无聊了，他就会唉声叹气地对我说："唉，你要是个男孩子就好了，这样我们兄弟俩就可以一起玩了！"他就像一个顽童，我新买的玩具他也要抢去玩一下，还经常同我争夺电视遥控器。他最爱看的是体育比赛，看到兴奋时会"呼"的一下从沙发上站起来拼命鼓掌、大声欢呼。我和妈妈看到那副样子，总是笑他太傻。

　　这个贪玩的"神奇老爸"一玩起来还常犯糊涂。有一次，他给我借的书快看完了，我让他再借几本。他答应得快，忘得也快。过了两天，在我催促下书是借来了，居然有一本是我看完了还没有还回去的书。看着面前两本一模一样的书，"神奇老爸"连声说："不好意思，不好意思，借错了，借错了。"唉，这个粗心的爸爸啊！

　　"神奇老爸"虽然生活中有点马马虎虎，但对待工作却一丝不苟，不怕辛苦。他是高中老师，几乎每天晚上都要九点后才回家，而那时我已经进入了梦乡。有时星期天他也不休息，到学校里去批作业。年复一年，风雨无阻。

　　这就是我可敬又可爱的"神奇老爸"。我永远爱他！

龙游县实验小学三年级　胡琦玥

名师点评：

> 这是一篇写人的好文章,小作者有一双慧眼,发现爸爸有许多与众不同的地方,就用轻松俏皮又充满爱意的语言讲述了他的几件逸闻趣事,让我们在会心一笑中认识了一个外表斯文、无所不能、爱岗敬业,但又像顽童般爱玩、爱吹牛的神奇老爸。小作者借助人物言行和自身感受,展现人物特点,给人深刻印象。此外,题目独具匠心,有画龙点睛之效。
>
> ——魏本蓉

歌迷老爸

我老爸肥头大耳,肚子像西瓜一样,鼓鼓的。他特别爱笑,一笑起来,眼睛就像一个竖着写的括号,因此,每次听别人叫他"老朱"时,我便情不自禁联想到"老猪"。我一见到爸爸就发笑,可能也是这个原因吧!

当然,我能笑口常开,更重要的一个原因是我老爸是个超级歌迷,他整天歌不离口。早上出门,他一边弓着腰穿鞋子,一边哼着小曲,在歌声中开始了一天的工作。傍晚下班,上楼梯时总是一边拿着钥匙有节奏地刮栏杆,一边引吭高歌,把快乐送来,把疲劳赶走。平时只要他在家,歌声就充满每个角落。

一天下午放学,我还没进门就听见爸爸洪亮的歌声从厨房里飘出:"好一朵美丽的茉莉花……"我放下书包,三步并作两步跑进厨房,你看,他一手端着铁锅,一手拿着铲子,不停地翻炒着,别人看来够忙的了,可他却显得悠闲自在,嘴巴一张一合,脑袋一摇一晃,歌声时而高,时而低,时而快,时而慢,就像给我们表演节目一样有声有色,非常投入。

正当他自我陶醉的时候,妈妈冲了进去,对爸爸翻了翻白眼,斥责道:"别把菜炒煳了!"可爸爸丝毫不理会,仍然沉浸在他那美妙的音乐世界里。这不,连脚也打起节拍来了,又是抬腿,又是踮脚。我朝他做了个鬼脸,退出了他们的"战场"。哪知爸爸又唱了起来:"妈妈准备了一些唠叨,爸爸张罗了一桌好饭……"

我快乐,我幸福,我是在歌声中成长的孩子。

歌迷老爸,我爱你!

温州市建设小学三年级　朱雨墨

名师点评：

　　父爱需要用心体会。小作者选取了生活中最平凡的小事感悟父爱，用诙谐幽默的语言勾勒出一个爱唱歌、爱烧菜、爱家人的父亲形象。全文用歌声贯穿始终，通过一连串生动具体的动作神态描写，把"歌迷老爸"表现得淋漓尽致，读来亲切自然。开头的形象描写和结尾的爱的表达，流露出父女间浓浓的情谊。

——黄晓红

月亮小公主

　　她是一个神秘而又美丽的"月亮小公主"，叫她"月亮"是因为她名字里有个"月"字，称她为"小公主"是因为她长得很漂亮。瞧，她有一双黑宝石般的大眼睛，长长的睫毛特别引人注目。浅栗色的长发披在肩头，小巧玲珑的鼻子下面，长着银粉色的樱桃小嘴。她穿着浅蓝色的纱裙，白色的短靴没过小腿。大家都说：这个月亮公主简直就是一个洋娃娃。

　　她从小机智过人，常常提出一些平常人猜不到的问题：纸和布怕什么？什么事情天不知道地知道，你不知道我知道？……更难的就连老师都不知道，给你们也猜一个吧：假如你在路上遇见一个右眼失明的人，那人说这只眼是你挖的(假如)，非要你赔偿不可，要你把你的右眼给他，你该怎么办呢？不知道吧，答案是秘密哦！不会告诉你的。

　　她爱好也很多，比如：唱歌、跳舞、朗诵、做手工、绘画、看书等等。先讲讲做手工吧！她给她的"小宝贝"——布娃娃花花做过裙子、裤子、还有摇篮，不过摇篮还在进行之中。绘画嘛，不用说当然是全班的佼佼者了。她最爱看的书是童话书。就因为爱看童话书，所以想象力也非常丰富。经常有一篇篇小小作家一样的作文从她的手中流淌出来。现在正在完成一部名叫《姐妹花》的小说。

　　知道她是谁了吧，她就是人见人爱，花见花开，车见车爆胎的月亮小公主、本小姐——朱恺月。

金华师范附小教育集团艾青小学三年级　朱恺月

名师点评：

> 这是一篇自我介绍的作文，小作者从题目入手，用第三人称的写法，介绍了"她"的外貌、兴趣爱好和勤思善问的性格特点。文章最后才道出这个"她"原来就是小作者自己。构思别出心裁，写法十分巧妙。文章虽然不长，但是非常富有情趣。尤其是令人捧腹的结尾，更给文章锦上添花。
>
> ——叶爱青

你们喜欢我吗

嗨，大家好！我叫齐雅楠，今年十岁，读三年级。我是个活泼开朗的女孩，非常爱笑，整天都无忧无虑、嘻嘻哈哈的。有一次，我和弟弟一起吃雪糕，弟弟的雪糕掉在鞋上，我笑得上气不接下气："哈哈！鞋上绣朵花，多有意思呀！"一旁的奶奶笑着说："你这个死丫头，就知道幸灾乐祸。""奶奶，您也笑一笑吧！笑一笑十年少！""哈哈！"

在家里，我也很"疯"。拆玩具、爬树、指挥打仗……我样样都能干，活脱脱就是个男孩子的样儿。妈妈经常说："你是不是投错胎了？应该是个男孩子才对呀！"每当这时，我就会撒娇说："调皮的孩子才聪明么！"妈妈每次总被我搞得哭笑不得。

在学校，我喜欢唱歌、跳舞，完完全全成了活泼可爱的"小公主"。每天放学后，我都要参加舞蹈排练。有一次，老师让我们踮着脚尖，立半个钟头。虽然很艰难，但我还是坚持着。"坚持就是胜利"不是吗？付出总有回报，经过刻苦训练，我在"山鹰之邦"舞蹈比赛中，获得了县第一名的佳绩，并将于下星期参加市里表演。此外，我还参加县里的小歌手比赛，获得了低段组二等奖的好成绩。虽然离我的目标还有距离，但对于首次参加比赛的我来说也是一种锻炼，一种激励。

我还是个小书迷，爱在知识的海洋里遨游。同学们都说我是"书呆子"。每一本好书我都爱不释手。我像只小蜜蜂一样贪婪地吸收着书中的精华。三年来，我年年都被评为"全优文明生"。

说了这么多，你们喜欢我吗？喜欢的话，咱们交个朋友吧！嘻嘻……

天台县平桥镇中心小学三年级　齐雅楠

名师点评:

　　读罢此文,你会发现你的心头已经出现了一个鲜活的身影,挥之不去。这个小姑娘调皮、可爱、聪明。在家里活脱脱就是个男孩子的样儿;在学校又完完全全是个活泼可爱的小丫头。这篇习作,小作者用自己稚嫩的笔触,成功地把自己呈现在读者面前。
　　　　　　　　　　　　　　　　　　　　　　　　——陈红霞

熟悉的陌生人

　　中国有13亿多人口,我认识的不会过千。但我有个熟悉的陌生人,他就是我们小区的一位门卫叔叔。为什么说他是熟悉的陌生人呢?熟悉是因为我每天放学都会看见他那黑黝黝的面孔;陌生是因为我不知他姓甚名谁,来自何方。

　　这位叔叔挺年轻的,二十来岁,个子不高,有点瘦,长着一张被太阳晒得黝黑的脸,还有一对小小的招风耳,架着一副黑框的大眼镜,看起来像一位刚毕业的大学生。这位叔叔挺阳光的,只要有人路过,他都会微笑地道声"您好",让人备感亲切。

　　这位叔叔不像别的门卫叔叔,每天坐在门卫房里,他每天站在大铁门边,站得笔直,就像解放军叔叔站岗一样,保卫着我们小区的安全。他的服务很热情,会给每位来往的业主提前打开进出的小铁门。大家都知道,门卫的薪水不高,他的皮鞋已略显破旧,但他从不在意,一直认认真真替大家开门关门,一直微笑地向大家道声"您好"。

　　有一件事令我十分难忘。有一天,外婆发现放在我家门外楼梯下的折叠桌不见了,急得像热锅上的蚂蚁,到处问,后来一想,对,去问问门卫。因为外婆说的是宁波话,他听不太懂,以为外婆在怪罪他,加上还有几个旁观的,七嘴八舌。一般人都会生气、争辩,可他没有,只是好好地跟外婆说:阿姨,别着急,这件事我们会认真调查的,一定给您一个满意的答复。等我大妈下班回来,才知道是原来她拿去用了。外婆赶快把真相告诉了这位叔叔,他长嘘了一口气,说:哦,还好,没丢。这句话令我有点内疚,更多的是感动。

　　又有一天,我经过他身边,他给我开好门,并向我微笑了一下,我也向他微微笑、点点头。我注意到,他换了双新皮鞋,看起来真精神。一位热情、勤劳、大度的人是值得人们尊敬的,他就是我们小区里最值得尊敬的人!

　　　　　　　　　　　　　宁波市江东区实验小学三年级　梁邑榕

名师点评：

　　每个孩子都有一双发现美的眼睛。这个孩子从身边的人中去发现生活的美，以便让大家都感受到生活的美好。在她的笔下，我们看到了真、善、美，也看到了孩子的天真无邪。文题《熟悉的陌生人》能激起读者的阅读兴趣，文中对门卫叔叔的介绍、描述都恰如其分，给人深刻印象！

——李妙

四年级

深夜里的白衣天使

　　夜，深了；夜，静了……

　　0点的钟声沉闷地响了起来。一位年轻的护士阿姨风尘仆仆地走进输液室。她的头上还有着大片大片的雪花儿……

　　她高高瘦瘦的，一双清澈得没有一点杂质的大眼睛嵌在娇小的鹅蛋脸上，显得非常清秀。"快点！快点！"排队等候着的一位叔叔不耐烦地催促着，而护士阿姨脸上始终挂着浅浅的微笑，麻利而迅速地换衣，洗手，快步走到台前，仔细地为那位叔叔做皮试、配药，再熟练地将针扎入血管中，每一个细节都那么专注，那么细心，却默默无声，脸上漾着笑意。那位叔叔也不好意思地涨红了脸。

　　"护士，过来一下！"不一会儿，那边的座位上传来一声焦急的喊叫。护士阿姨连忙放下手中的吊瓶，匆匆地赶过去，小心翼翼地为孩子检查并取下了吊瓶，孩子的父母欣慰地笑了。

　　轮到我了。护士阿姨轻轻地拍了拍我的手，系上皮筋，双眼注视着我的手，仔细地把针扎入血管里。啊！"阿姨，你的针扎得真好！一点都不痛！真厉害！"我情不自禁地对她竖起了大拇指。阿姨笑得更加灿烂，我也笑了。

　　挂上针，我就睡着了。不知过了多久，我揉了揉惺忪的睡眼，惊奇地发现那位阿姨依然拖着疲惫的身躯，在为患者忙前忙后，尽心尽力。在那个下着雪的冬夜，她穿着薄薄的褂子，额头上竟蒙上了一层细密的汗珠，像一朵沾满露珠的月季花，虽无声，却那样晶莹。

　　走出纷纷扬扬的雪花，眼前又浮现出那张迷人、专注的脸庞，一如空中飞舞的晶莹剔透的雪花儿们……

台州市椒江区实验小学四年级　李　宜

名师点评：

> 小作者善选材，将场景的展开安排在雪天、深夜，"洁白的雪花"和"美丽的护士阿姨"融为一体，景中有人，情景交融。文字一如冬夜时飘洒的雪花，清新、流畅。文中修辞手法的运用新颖、独特。小作者用诗一般的语言表现诗一般的白衣天使，情感丰富而真实，语言准确而形象，令人赞赏。
>
> ——李道龙

妈妈的唠叨

新的一天来到了。我慢慢睁开蒙眬的双眼，听见外面淅淅沥沥地下着雨，仿佛小乐队，正在演奏春的乐章。

我无奈地从温暖的被窝里探出头，便发现母亲已站在我的床前。母亲说："快点，该起床了！"我只得爬了起来，但动作慢得像一只小乌龟。早晨的唠叨就从此刻开始了。"快点，你看看，现在几点了？你想上学迟到吗？"母亲大声喊道。我悠然自得地在洗手间洗漱，仿佛这一切跟我没有关系。

雨，还在沙沙地下。通过卫生间的窗户，我禁不住朝远处望去：乳白色的薄雾，笼罩着整个城镇，仿佛给这个四面环山的小县城披上了一层朦胧的白纱。

洗手、刷牙、洗脸，终于洗漱完毕。开始吃早餐了，母亲又开始唠叨："天慧，吃饭不要一小勺一小勺的，时间来不及了，你必须得快一点。"

这时的我听与不听一个样，正在专心致志地品尝早餐的美味，对于母亲的话是左耳进，右耳出。母亲对我这种不理不睬的态度很是恼烦。于是再次唠叨，并提高了唠叨的分贝："快点，快点！再这样，就不让你吃了，饿死也不管你！"

这一次，我也生气了。因为我怕我的小肚肚真的吃不饱。接着便一下子加快吃饭速度，一来以此证明我吃饭并不慢，二来可以快点摆脱这没完没了的唠叨。

这样，我很快把那碗饭给吃光了。我以为母亲会平静下来，不再唠叨了，可她又有话说了："你不要嫌我啰唆，快穿鞋，对，别忘拿伞，外面在下雨。"

"外面下雨，我会不知道吗？下雨带伞，我会不知道吗？真是的！"我一边在心里嘀咕，一边自顾自拿起书包，拿上伞，头也不回地往外走。刚走到楼下，抬头一看，妈妈还站在二楼的阳台上，我刚想打声招呼，谁知母亲又唠叨了。"走慢点,伞要撑正,别把衣服淋湿了。上车要站稳,别摔了……"我烦死了,理也没理她,就冲进雨中。我像一只飞出笼子的小鸟,一下子感到无比的轻松与自由。

我爱妈妈,但我讨厌她的唠叨。我也问过妈妈,问她为什么这样爱唠叨,她没有回答我,只是说:"等你以后长大了就会明白的。"

三门县实验小学四年级　宁天慧

名师点评:

> 这是一篇充满感情的写人文章,写得很好。文章构思精巧,感情细腻,语言朴实、真挚,小作者紧紧抓住妈妈所谓的"唠叨",一步一步写来,没有高谈阔论,没有热烈的正面赞美,表面上是写母亲的唠叨,实际上是反映母爱的无微不至。文中妈妈的语言,是生活中的真实语言,没有修饰、没有造作,小作者自己的心理活动也写得细腻,这些都给文章增色不少。
>
> ——俞洪华

我是小小魔术师

我是个胖胖的小女生,圆圆的鼻头,像小丑一样,眼睛也是圆圆的,被哥哥称为绿豆眼儿,就连脸也是圆圆的,活像一个大麦饼。我被爸爸称为调皮机灵,被同学称为幽默风趣,被叔叔阿姨称为文静。下面我就自己来说说吧!

在家的我是一个调皮机灵的小鬼。每天都会吵得爸爸睡不着觉。你看,爸爸的悲剧又开始了。

我踮起脚,屏住呼吸,悄悄地来到他的房间,用尽全身力气把被子一掀,大声说:"大胆奴才,还不快起床,快给爷爷请安去。"爸爸一听,马上穿好衣服,来到客厅一看,却连个人影也没有。爸爸很生气,后果很严重。不过他现在没心思教训我,又跑去被窝里呼呼大睡了。这次,爸爸加强警惕,他把自己的身子用棉被包得严严实实的。我想爸爸等会儿就应该会放松警惕了吧?可过了好一阵子,爸爸还把自己包得严严实实的,好像是识破了我的诡计。于是,我脱掉鞋子,像狗一样在地板上慢慢地向床边爬去,我敢保证,这次肯定没有一点声音。爬到床边了,我纵身一跃,坐到了爸爸身上,说:"超级大懒虫,太阳都晒到屁股啦,再不起床我就压死你。""皇上,你饶了我吧!"爸爸无力地喊着。我见爸爸投降了,目的也达成了,也不再压了,心满意足地拍了拍手,正准备走的时候,爸爸来了个背后偷袭,你这小兔崽子,看你往哪里跑……

在学校我是个幽默的学生,同学们的笑话大王。你瞧,笑话连连看正在直播中。

一节体育课,我们准备接力赛跑。到我的时候,我奋力向前冲,突然有一个人从前面窜出来,我来不及急刹车,也来不及"按喇叭",呼！哗——我一下子冲了过去,那个人被我撞倒了。跑过终点后,有些同学都围过来焦急地问我:"陈典,刚刚是不是有人撞你,你摔倒了吧?""确实有人撞我,但是像我这样的重量级人物怎么会摔倒呢,你看别人都觉得长得胖不好,但有时长得胖也有优势啊！"我这一句话就把同学们逗得捧腹大笑……

在公共场合我又变成了文静的女孩。和爸爸妈妈的朋友在一起吃饭,我都会主动叫叔叔、阿姨……吃饭时细嚼慢咽,像个文静的小公主,爸爸说话时,我一句也不插。夹菜时,我会让别人先夹。走的时候我让别人先起身先出门。

小小的我也有梦想,就是想当上博士。我一定要好好学习,我相信,总有一天,我的梦想会成为现实。

你说,我的性格丰富多彩吧？你们知道我是谁吗？我就是那小有名气的"开心果"陈典。想和我交朋友吗？那就来呗！

台州市实验小学四年级　陈　典

名师点评：

这篇写人文章,题材新颖,极富童趣。小作者选用三个事例,写出了自己诙谐、幽默的特点。文中无论是描述自己的外形、外貌,还是个性,小作者都能抓住特点写,而且有详有略,详略得当。这体现了小作者值得称道的选材、剪裁的功力。文章的开头、结尾,虽然简洁,但语言俏皮、风趣,有味道。

——梁淼燕

姐姐其人其事

我的姐姐叫叶子韵,是个名副其实的淘气包。

她有着1米67的身高,长着一双明亮的大眼睛,一个高挺的鼻子,一张大大的嘴巴(说起话来滔滔不绝),还有一头乌黑亮丽的齐腰头发。看上去,你一定会惊呼:明明是"文静女",怎么会是淘气包呢?！别着急,听我细细道来——

2岁时，她就被送进了托儿所，令人惊讶地没有哭；7岁时，刚上小学，便寄宿学校；12岁小学毕业，参加了"中西交流活动"，回来之后英语说得比大学生还要好；初中时，趁暑假的机会独自买好机票，遨游了加拿大、美国、巴西等地。你说，当别的像她一样大的女孩子还在爹娘怀里撒娇时，她就离开家门，这算不算一个比马小跳还淘气的淘气包？

有一次我去金华看她，她不但让我大饱口福，还带我去杭州玩了一趟！我不禁好奇地问："叶子姐姐，你的钱是从哪儿来的呀？"她骄傲地说："这是我发广告得来的，每个星期我都会去替别人发广告，一般一次可以赚50元；还有假期去当英语翻译，一次可以赚200多块钱；哦对了，还有我写文章的稿费，已经有8000多元了！现在我已经有7万多元积蓄了，花这钱啊，也心安理得！"

"哇，姐姐你好厉害啊！"我简直被这几个"天文数字"吓傻了，今年姐姐才18岁啊。"天怪，你写作文有没有稿费啊？""有。"我的声音比平时低了一半。"多少啊？"姐姐继续问。"10元。"我的声音好像蚊子叫。"不错！姐姐小学时发表文章还没有稿费呢！但这并没有动摇我的'作家梦'，到后来有了稿费，不过也是五元十元的，我从许多五元十元起步，终于成了'富豪'！记得我第一次赚大钱时是在四年级，那次我写了一篇文章《雨滴》，改了又改，终于登上了《故事会》，赚了2500元。你也要加油哦！听说你小说写得挺不错的啊。加油啊！"呵呵……我们不禁笑成一团。

我看到过姐姐的书柜，里面堆满了书。四大名著早在几年前就看完了。在姐姐的QQ同学群里面，写满了赞美的语句："向叶子学习""叶书虫""祝贺小叶子完成第一本小说""叶作家好"……

现在，淘气包已经远渡重洋，并考上了一所著名大学，我相信叶子姐姐一定能够实现作家梦！

浦江县实验小学四年级　徐天怿

名师点评：

干净、幽默的语言刻画了一位独立、能干、优秀的新一代中学生。本文通过具体事例、语言描写反映了人物的性格特征，形象丰满，跃然纸上。叶子韵，好样的！新时代的社会就需要像你这样的人才。希望看了此文的小读者，能反省自己是不是还处在衣来伸手、饭来张口的米虫阶段！文章有头有尾，有简有详，不错！

——黄彩珍

磨蹭女儿遭遇粗心老妈

　　我是一个非常磨蹭的小姑娘，偏偏有一个遇事火急火燎的老妈，经常会闹出一些啼笑皆非的事。就在那一天，我和妈妈又闹了这么一出。

　　那天，天很阴，让我产生了错觉，还以为时间很早，便又睡下了。睡睡懒觉，这对我这头小懒猪来说，是最喜欢的一件事，很快，我就又进入了梦乡。可妈妈却慌慌张张地跑过来，催我起床："心怡，快点起床了，时间不早了，我今天起晚了，你的动作得快点了！……哎呀，别磨磨蹭蹭的，快点快点，你再给我……"

　　"哎呀，行啦，别说了，我会快的！"老妈呀老妈，你当我这么傻啊，天这么暗，我知道时间还早着呢，你的这种催促法，我早就熟悉了！哈哈！

　　妈妈走了出去。我接着睡我的觉！还没过几分钟，妈妈在外面大声吼道："好了没有，快点给我出来！现在几点钟了，快穿好校服！"我只好无奈地从床上爬了起来，一看闹钟，糟了，真的 7 点钟了。于是我飞快地洗漱好，吃完早饭，随手拿起一件挂在椅子上的校服，跟在妈妈急匆匆的脚步后下了楼。

　　刚到外面，一阵风吹来，我感到有些冷，就拿起校服披在身上，可仔细一看我拿的却是一件春季校服，我一下子愣住了，妈妈这时也看到了，她气不打一处来，嚷着说："你怎么拿了这件衣服？算了算了，冻死不管！"转身就朝车子走去，我也跟过去了。我刚打算坐进去，突然想还是去换件吧，我一溜烟冲上三楼换了一件棉校服，可等我冲下楼时，意想不到的事情让我傻了眼，妈妈的车不在了。

　　我急得差点哭出来了，"妈妈的车可能在后面吧？"我怀着一丝侥幸的心理跑去看，不在！"在前面？"不在！我像一只热锅上的蚂蚁，急得团团转……

　　我跑上楼，一个劲儿地敲门，爸爸一打开门，我就对爸爸说："妈妈没等我就走了！"

　　"啊？"爸爸大吃一惊，又马上镇定下来，"你先下去等妈妈，我给她打电话。"

　　我立刻下楼，刚到楼下，妈妈开着车回来了。我连忙上了车，才知道妈妈是以为我已经上了车就开走了，开到半路唠叨了半天，她才发现我不在车上。

　　哎，真是磨蹭女儿碰到粗心老妈呀！

舟山市南海实验小学四年级　钟心怡

名师点评：

戏剧化的描述，剧本式的语言，使文章生动而形象，人物性格相当鲜明。语言与心理活动紧紧相扣，高频率的短句和动词的运用，使得描述的节奏与表述的主题非常合拍，从而把女儿的磨蹭与老妈的粗心，反映得淋漓尽致、趣味横生。

——沈建红

我们的书法老师

他皮肤白皙，挺直的鼻梁上，架着一副眼镜，一看就有一股书生气。镜片后的那双小眼睛，目光炯炯。嘴唇有点厚，嘴角却自然地向上翘，眉眼间就多了一丝笑意。他穿着很朴素，却清爽洁净，就和他写的字一样干净利落。他就是我的书法老师——胡老师。

人们都说薄嘴唇的人善于说话，但他嘴唇厚厚的，却也是那么能说会道。他讲课幽默风趣，引人入胜，听他的课，简直是一种享受。

比如，教我们"竖弯钩"，他会将手指关节弯起，又将手掌拢作鹰嘴状，边比画边说："看到没？竖弯钩，也叫'浮鹅钩'，喏，像不像一只鹅在游啊？不能把鹅头向前倾，如果头向前倾了，那是不是就变成找食的鸭子了？所以，竖弯钩呢，它这个起笔不能太向前！"然后，就挂着那招牌式的微笑，用炯炯有神的目光看看我们，再要求我们写一写。教我们写"捺"的时候，他会扭动身子，双眉舒展，嘴角微微向上漾起，作一副妩媚的跳舞状，说："书法家呢，他是讲究变化的，看到没？和跳舞一样，要讲究变化的。如果和广播操一样，那是不是就太古板了？手伸得直直的，脚伸得直直的，和僵尸一样，这样就难看了，对不对？"说着，他又摆出了一副僵尸样，惹得我们捧腹大笑。接下来他又说："因为这样太难看了，所以，捺呢，写的时候要一波三折。"他说完，就让我们练写。此时的我们，一个个屏气凝神，笔握得紧紧的，好像到了生死关头，谁也不敢大意。胡老师呢，将手背在身后，挨个儿地一个个看过去，时而满意地点点头，时而用手指在同学的字上比画比画。

不仅如此，胡老师还就如何写好毛笔字编了一套口诀。比如说写"横"，他教我们的口诀是："一切切，二停停，三走走，四抬抬，五按按，六回回！"你看，多么形象啊！我们受益于这套口诀，很快就掌握了写字的基本诀窍。

胡老师的教学艺术不仅体现在教书法上，就连批评我们也特别有艺术。比如写字时，有些同学老是把头勾得很低，这时他会说："啊，低头了，吃草了,吃草了!"惹得我们一阵大笑。比如有的同学呢,写得兴起的时候,常常头低得连鼻尖都要碰到桌面了,碰到这种情况,胡老师会大声叫:"哇,羊吃草了啦,羊吃草了啦!"然后急急走过去,用手使劲拍这位同学的后背,直到坐正为止。

啊,胡老师太幽默了,我们喜欢他。

磐安县实验小学四年级　李　想

名师点评:

> 一两件小事,显现出胡老师的认真负责、风趣随和。胡老师对小作者书法学习上的指导和帮助,让小作者深深记在心里。写真事,说真话,是本文的第一个亮点。其二,小作者刻画人物的基本功较为扎实,包括语言、动作的描写,都比较到位。所以读完全文,我们会有"如见其人""如闻其声"的感觉。
>
> ——胡寒芳

五年级

送你落地,便可生根

那一年,郭叔叔搬到了我家楼上。从此,常有人到他家做客。隔着一层天花板,隐约听到郭叔叔开门迎接来客时的爽朗笑声,话语间满溢着热情。爸爸告诉我,他是一名外地来杭创业的商人。

一天,我正准备开门进屋。郭叔叔抱着一盆植物,气喘吁吁地上楼来,浑身大汗淋漓,但是,汗水掩盖不住他脸上那股子兴奋。我很奇怪,顺势一看他怀里的植物——嗬!我也莫名地兴奋起来。那植物我从未见过,整株是嫩绿的枝叶,枝干也是绿的。这植物高约五六十厘米,宽而厚的叶子在阳光下闪闪发光,叶片上布满了极不显眼的小绒毛。稀奇的是每片叶子边缘都长着一圈圆圆的嫩芽,好像每片叶子都戴了一串华美的项链。即使它通体绿色没有花朵,也赏心悦目,叫人好生喜欢。

郭叔叔见我盯着他怀里的植物,抹了一把汗,冲我一笑,说:"怎么样,小姑娘,好看吧?"

我点点头。他又哈哈地笑了起来,伸手在最大的一片叶上摘下几个嫩芽递给我:"送你落地,便可生根。"说完,便转身上楼了,撂下一头雾水的我。

这是什么植物呢,我迷惑不已。"送你落地,便可生根。"我念叨着这句谜语一样的话语,将信将疑地把几个嫩芽埋进花盆,摆在阳台上,和郭叔叔阳台上那盆奇异的植物遥相呼应。

十多天后,花盆里竟长出了三株幼苗。"送你落地,便可生根!"郭叔叔没有糊弄我,它真的落地生根,意气风发地成长起来了。可即将到来的数学竞赛压得我喘不过气来,我没有太多心情打理它。没想到,一个月后,它却异常蓬勃地生长起来,已有了七八厘米高了,娇嫩的绿芽水灵圆润,似乎有一种抑制不住的生命活力在喷涌,看着它,备战数学竞赛的巨大压力与烦躁心情竟舒解了不少。它到底叫什么呢?我上网查找了很久,才知道它的名字就叫"落地生根"。原来郭叔叔一开始就告诉了我它的芳名,这个谜底真有意思。

不知怎的,来郭叔叔家人少了,我也很少见到他。对面的阿婆告诉我,郭叔叔生意亏本了,最近都在忙着处理善后。我挺为他担心的,希望他能挺住,熬过难关。那种危机与压力对于刚刚在数学竞赛预测中遭受挫折与失败的我来说,感同身受。偶然在楼道上与他擦肩而过,也是一脸的憔悴,行色匆匆,让我心里难受不已。"小姑娘,落地生根长高了吧?什么时候比赛啊?加油哦!"他的声音里有特意的轻松,但眼睛里闪烁的仍是快乐的光芒,那抹微笑明朗亲切,倏地,让我想起那盆落地生根的模样。"加油!我们都会挺过去的。"我没有接话,只在心里默默地说。

可惜不久,他就搬走了。没了主人的落地生根在四楼阳台上快速地枯萎了。它的枯叶一片片随风飘到我家窗台。倒是我的落地生根,有一尺来高了,叶边长出项链似的小嫩芽,好看极了。

今年三月,郭叔叔又回来了,仍租住在楼上。我一听说这个消息,便从自己那盆落地生根上摘下几个嫩芽,脆生生的小芽,像一弯弯如眉的新月,浅浅地笑着,怀揣着满满的希冀。我愉快地跑出家门,上楼敲开郭叔叔家的门,对着他怔怔的目光,莞然一笑,伸出手去:"送你落地,便可生根。"

"送你落地,便可生根。"我知道我和郭叔叔的落地生根都将继续在彼此的阳台上绽放新绿,一定!

杭州市采荷第二小学五年级　周逸雯

名师点评:

> 　　如一幕微电影,两个不同年龄与经历的人由一盆植物相识,相交,相惜,彼此心灵关照的朴素真情在小作者细腻真切的笔触里不徐不急地传来。社会生活的压力与危机给人们带来的考验如此巨大,而人与人之间的脉脉温情与纯美人性让希望"落地生根",让我们重燃生活的信心。"送你落地,便可生根"的主题一叹三咏,耐人寻味。
>
> ——沈琴娟

阿　太

　　我的阿太已年过八十，又矮又瘦，花白的头发在脑后挽成一个发髻。阿太的听力和视力都不大好，却是个电视迷，每天一到傍晚，便拖着自己的小藤椅，贴着电视坐下，长时间一动也不动。

　　在奶奶看来，阿太是个非常讨厌的老太婆。许是受奶奶的影响，我也不怎么喜欢阿太。记忆中最深的是，阿太非常爱唠叨。每当我去奶奶家，她唠叨最多的莫过于"你吃过饭没？"可是有一天，我却改变了对阿太的看法。

　　那是一个周末，我和往常一样到奶奶家去。一进门，阿太便对着我说"你吃过饭没？"说着，她蹒跚地走到了我的身旁，仔细地打量着我，这让我觉得别扭极了。终于，阿太回到了她的小藤椅上，我如同被释放一般，飞快地坐到沙发上，看起了电视。

　　就这样安静了一分钟，阿太又不安分了。只见她起身问道："扬扬，有没有蚊子，需不需要蚊香啊？""随便！"我漫不经心地应付了一声，声音小得连我自己都快听不见了。阿太也不再多问，蹒跚地向她的小屋走去。

　　呵呵，我终于可以全身心投入电视节目中了！可是好景不长，一只蚊子飞过来破坏了我的好心情。这只蚊子在我的耳旁飞过来飞过去，还"嗡嗡"地叫个不停，真让人受不了。就在我想往耳朵拍去时，阿太已经来到我的身旁，把蚊香罐子放在我脚边，唠叨道："蚊香罐子放在脚边啊。阿太都是老肉老血了，没有蚊子咬的，你肉嫩呢，蚊子才要来叮的……"

　　本以为阿太会重新回到她贴着电视机放着的小藤椅上。没想到阿太却蹒跚地走到大门口，佝偻着身子，不停地揉着拇指。"阿太怎么啦？"好奇心驱使我悄悄地走近她，啊，阿太的大拇指指肚通红通红的。难道为了点燃蚊香上的零星"萤火"，老眼昏花的阿太烫着了拇指？望着罐子里的那一根根火柴渣，我的眼前不由得浮现出了阿太一次又一次擦着火柴为我点蚊香的情景……

　　我望着阿太，那宽大的对襟衫在她身上，显得如此奇怪，不过此刻在我看来却是那样得体。原来，我无意间的一句话，阿太都把它记在心里。阿太，阿太！我突然觉得这称呼竟是如此的亲切！我连忙在阿太身旁恭恭敬敬地叫道："阿——太——"

杭州市滨江区闻涛小学五年级　虞书扬

名师点评：

　　小作者巧用先抑后扬的笔法，一开头的"不怎么喜欢阿太""阿太非常唠叨"与后文阿太对我充满爱的细心关怀形成"对比"，增加了文章波澜曲折之美，增强了文章的可读性与吸引力。同时，文中对人物、外貌、语言、动作、心理的描写，也都给人留下了深刻的印象。

——郑曙红

卖 鱼 刘

　　前几天，我和外婆去菜场买鱼，见识了卖鱼刘那炉火纯青的手艺。

　　你还不知道卖鱼刘是谁吧？他是我们楼下菜场里一个卖鱼的小贩，已经在那待了十几年。这么多年来，他练就了一手杀鱼的本领。一条活生生的鱼，一到他手上，不一会便被他处理好，卖出去了。

　　"老板，来一条鱼。"只见一个年轻人走了过来，焦急地说道，"快点哦，我赶时间。""好嘞！"卖鱼刘大声说道。他双手往水里一伸，一条胖头鱼就放到了电子秤上。"20元5角，算20元。"报出价后，他抓起鱼，扔到了案板上。只见他拿起菜刀，往鱼头上一拍，刚才还活蹦乱跳的鱼立刻就安静了下来。开始刮鱼鳞了。一条鱼，全身上下都是鳞，先刮背部再刮头，头部尤其难刮。刮鱼鳞时，谁能一片不留？要留肯定留在头上。可卖鱼刘刮起鱼鳞来，不但背部刮得干干净净，连头部也刮得一片不留。只听卖鱼刘每刮一下，就"沙"的一响，"沙沙"声中，一片片鱼鳞从鱼身上飞了下来。我正在诧异卖鱼刘刮鱼鳞怎能如此之快，他已经在刮头部的鱼鳞了。我原本以为他要很长时间才能刮完头部的鱼鳞，可眼前的一幕却让我目瞪口呆：只见他把刀往前一推，头部的鱼鳞竟被他整片推了下来！整个动作一气呵成，没有半分犹豫，我不禁在一旁为他暗暗叫好。

　　他喘了一口气，立刻就进入了下个步骤——取鳃。这个很麻烦的工作到了卖鱼刘这里，就只要短短的几秒钟，他把刀尖伸进鳃盖膜，只轻轻一挑，血淋淋的鱼鳃就蹦了出来。他趁势切开了鱼肚子，把里头的内脏都刮走了，那娴熟的刀法让我惊叹。最后他拿出了一个袋子，把鱼装了进去，给了那年轻人，年轻人说了一声"谢谢"就走了，而我，还在那站着……

　　他是市井里的平凡人，干的是一份平凡的活。

宁波市广济中心小学五年级　徐誉宁

名师点评：

> "生活是最好的老师！"学了冯骥才的《刷子李》一文后，小作者来到菜市场，足足观察了2个小时。"报出价后，他抓起鱼，扔到了案板上。只见他拿起菜刀，往鱼头上一拍，刚才还活蹦乱跳的鱼立刻就安静了下来。"你瞧，"抓、扔、拿、拍"，这些动作多么传神。"这个很麻烦的工作到了卖鱼刘这里，就只要短短的几秒钟，他把刀尖伸进鳃盖膜，只轻轻一挑，血淋淋的鱼鳃就蹦了出来。"这么一描写，卖鱼刘俨然是个高手。是的，只有观察，才能写得如此精彩！
>
> ——徐惠惠

霹雳女侠

我们班可谓是藏龙卧虎，有许多"武林高手"，我的同桌王柳钰就是其中之一。她的两项绝技所向披靡，令人望尘莫及，这究竟是怎么回事呢？且听我慢慢道来。

先跟我来看看她的个人档案吧！

姓名：王柳钰。性别：女。身高：约155厘米。体重：不详。特点：各门科目成绩优异，是老师心目中的好学生。绝技："佛山无影脚"和"三寸不烂舌"。

详细描述：瓜子脸，柳叶眉，戴着一副粉红色的眼镜，有一头乌黑的长发。看上去很文静，其实内心有个小宇宙。

对于王柳钰的盖世神功体会最深的，那就非张泽南莫属了。每当动听的下课铃响起，张泽南就开始发动"捣蛋神功"了——不是藏了王柳钰的铅笔盒，就是拿了她的语文书。

老虎不发威，你当她是病猫呀！王柳钰忍无可忍，小宇宙终于爆发了！只见王柳钰使出了"佛山无影脚"，双手来个"泰山压顶"。王柳钰手脚齐上，就连嘴巴也不闲着。"谁让你拿我的语文书，谁让你拿我的铅笔盒，谁让你……"她就这样咬着牙连环炮似的叫着。可怜的张泽南怎么支撑得住这般架势攻击，渐渐败下阵来。王柳钰绝不手软，摆出痛打落水狗的架势，打得张泽南哇哇大叫，可谓是求生不能，求死不得。上课铃声响起，哇，张泽南得救了！他高兴得手舞足蹈，不幸乐极生悲，正巧被老师发现，被"光荣"地批评了！此时的王柳钰更是幸灾乐祸，歪着头，嘴角微微上扬，斜着眼瞄着张泽南奸笑着！你说王柳钰可恶不可恶？！

别看王柳钰像个"暴力女"，她可也是我们班的"大功臣"呢！话说课间休息，别班的几个男同学总会跑到我们班的走廊上玩耍，抢占我们班"地盘"，原本不宽的走廊竟成了他们的游乐场所。这玩不要紧，关键是他们边玩边大声喊，还经常搞恶作剧，闹得我们班鸡犬不宁、人心惶惶。我们几个班干部前去交涉了几次，结果都是以失败收场，搞得我们很是头疼。于是，我和胡译天、丁子淇三人"三顾茅庐"，请王柳钰"出山"，救"百姓"于水火之中。下课了，那几个男同学又来了，我们搬出了"救命金牌"——王柳钰。只见王柳钰约了同门姐妹丁子淇，雄赳赳气昂昂走到那几个男同学面前，动用她练了七七四十九天的唐僧嫡传武功——三寸不烂舌说得那是天昏地暗，日月无光。那几个男同学听得头昏脑涨，双腿发软，竟无还口之力！从此后，那几个男同学"放下屠刀，立地成佛"，再也不敢来侵犯了。耶，我们班兵不血刃就取得了胜利。你说王柳钰可敬不可敬?!

　　其实说王柳钰是我们班的"大功臣"一点儿也不夸张。五年级举行了三次县级比赛，她每次都金榜题名，独占鳌头。在上学期举行的全县英语模仿秀中获得了一等奖，在这学期举行的全县书法比赛中获得了一等奖，特别是在刚结束的全县奥数比赛中，她"力斩群魔"，又获得了一等奖，而且是全县最高分！现在，她可谓是无人不知，无人不晓，就连我们五(7)班都沾她的光，名声在外呢！你说，王柳钰可赞不可赞?!

　　这就是我的武林高手、学林高手同桌，"霹雳女侠"——王柳钰！

缙云县实验小学五年级　陶宇彬

名师点评：

　　文章视角独特，语言幽默风趣，读来使人阵阵发笑。小作者笔下的"霹雳女侠"栩栩如生，"功夫"了得，"佛山无影脚""三寸不烂舌""学林高手"都给读者留下了深刻的印象。不得不说小作者是"作文高手"。在作者的笔下，每个文字都是跳动的音符，都是生动的精灵，富有生气，富有活力。

——王丽萍

卖麻糍的老人

　　"麻糍麻糍，又香又甜。""麻糍麻糍，又香又甜。"一个阳光明媚的早晨，我被这卖麻糍的喧闹声吵醒，便再也睡不着了，于是决定起床下楼玩耍。

　　唉！我每天的好梦都会被这声音打扰。无论是上学日还是周末，晴天还是雨天，我都会听到这搅人好梦的声音，由此我对这卖麻糍的声音十分反感。

来到了楼下,我郁闷地看着四周,街道上的人寥寥无几,在这一声声的叫卖声中伴着麻雀叽叽喳喳的叫声,令我十分烦躁。我深吸了口气,看看天空,湛蓝深远,看看白云,舒适柔软,我的心情也变得好了一些。我决定去拜访一下这位卖麻糍的老人,并去尝尝他的手艺。

走到了一个路口附近,静寂的场景马上被打破了。这里很是热闹,卖麻糍的老人一身洁白的衣服,令人看了神清气爽,与我想象中满身油渍的老人形象毫不相符,这令我目瞪口呆。"老爷爷,麻烦你给我一份麻糍。"我喊道。老人伸手递给我一袋麻糍,和蔼地说:"小心吃,别烫着。"我撇了撇嘴,心想:哼,真是猫哭耗子——假慈悲,还不是为了赚我的钱。我看看麻糍,小巧可爱,闻着有股淡淡的芝麻清香,一下子就把我的馋虫引出来了。咬一口麻糍,甜而不腻,糯而不黏,唇齿留香,令人回味无穷,简直是人间美味!

吃完了一个麻糍,我正准备回家。"喂,小姑娘,钱还没找你呢!"我这才回过神来,光顾着吃麻糍,自己给了老爷爷十块钱,他还没找呢!接过找给我的钱,这位卖麻糍的老人在我心中高大起来,他,有着一颗纯洁的心。

望着老人越走越远的身影,我不禁感到羞愧:我刚才怎么能用那种眼光看人呢?听着"麻糍麻糍,又香又甜"这熟悉的声音,此时,我感觉是那么亲切。我要感激这位卖麻糍的老人,因为他给我上了一课,他让我懂得,人与人之间需要真诚与理解,这样,生活才会更加美好!

衢州市衢江区实验小学五年级 徐璐琪

名师点评:

> 小作者细致地刻画出一位热心、善良又亲切的卖麻糍的老人形象。文章首尾呼应,行文流畅,脉络清晰,虽然没有多少华丽的辞藻,但在朴实无华间,可以感受到小作者内心丰富的心理活动,同时对人物动作、神态也描写得淋漓尽致,使人物形象更加充实饱满。
>
> ——王素琴

六年级

"小馋猫"

嘿,你听说过孙思邈吗?就是本人。不过,我不是大名鼎鼎的"药王"孙思邈,而是一个普通的六年级男孩。

说普通,其实也不是,至少我的眼睛很特别——原本单眼皮的右眼因为贪玩留了一道疤,于是成了深深的双眼皮,特像孙悟空的"火眼金睛"。虽然只有一只，但我觉得右眼明显比单眼皮的左眼敏锐，它能极快地搜索并定位在我最喜欢的美食上。为此，我付出了"惨痛"的代价——我那虽谈不上苗条但还算结实的身材一日圆似一日，并且被冠名为"小馋猫"。偶尔在心里我也会埋怨那只"火眼金睛"，但更多的时候，特别是在我品尝美食之时，我是怀着一颗感恩的心的。

暑假的一天，闲来无事，眼睛掠过空空的食品柜，直直地盯在角落里的冰箱上。我打开冰箱的冷藏室，一个黑色的塑料袋引得右眼直泛光。拨开一看，哈，什么时候买的棒冰？而且是我最喜欢的"小布丁"！我赶紧掏出一根。刚想吃，妈妈进来了，看见拿着棒冰的我，哭笑不得："我藏得那么深，你也找得到？明天弟弟妹妹们都要来，只准吃一根。"我的眼睛笑成了一条缝，头点得像小鸡啄米："知道了！知道了！"

只准吃一根呢！我小心翼翼地撕开包装纸，用舌头舔掉包装纸上残留的一点点冰粒，才把干干净净的包装纸扔进垃圾桶里。张开嘴，含住冰棍的小部分，不敢用牙齿咬，只是用舌头轻轻舔着，小心地舔着。可是我还是禁不住那份奶香混着冰凉从喉咙到心底的诱惑，舔着舔着，不知何时竟用牙咬了。小小的"布丁"被我三下五除二吞到了肚子里后，我才为自己一时的冲动而懊恼不已。

不过瘾，怎么办？嘴边残存的一丝丝痕迹也被我舔得一干二净。还不过瘾，我顾不得君子协定，趁妈妈离开厨房的空隙，又偷偷地打开冰箱门，迅速拿出两根，跑到前门的围墙角，左一根右一根地开战……

第二天，当妈妈打开冰箱，发现塑料袋里少得可怜的棒冰时，竟然狠心地罚我不许再吃。那天我看着弟弟妹妹们吃的样子，不断地把涌出来的口水吞下去，那种痛苦的滋味让我至今难忘。

可是嘴馋了，怎么也管不住呀！奶奶生日那天，一个大大的生日蛋糕刚摆上餐桌，诱人的鲜奶香味就扑鼻而来，让我垂涎三尺。只是大家都没有上桌，作为小辈的我，不能轻举妄动。可是，那只右眼就是不听大脑使唤，总往蛋糕那边瞧。最后，我的手也不听使唤了，悄悄托起盖子，食指竟不知羞耻地蘸了点蛋糕外围的鲜奶。为了毁灭证据，我的嘴快速含住蘸了鲜奶的食指，一吮吸，真是香甜可口，接下来，我一发不可收，食指大动。

这一切，早被一旁的奶奶看在了眼里，奶奶也不说破，只是笑着问我："邈，蛋糕香吗？""香……"我有些不好意思。"甜吗？""甜！"我不假思索地回答。

正在做菜的爸爸回头一看，笑得合不拢嘴，说："你不应该叫邈邈，你应该叫猫猫，贪吃的'小馋猫'！"原来我偷吃时还是不小心，嘴边留下了白白的鲜奶油……

　　从此，"小馋猫"的名号就在亲友间传开，后来又传到了学校。

　　每次看到大家带着点戏谑的眼神，我心里不以为然：上天赋予我特殊的使命，"子非鱼，安知鱼之乐"？

台州市黄岩区实验小学六(8)班　孙思邈

名师点评：

> 　　把"馋"的原因归结为眼睛上的一道疤，认为这是上天赋予的能力，这是孩子所独有的思维方式。而正是这种有意思的思维方式使得文章透露出鲜活生动的儿童情趣。小作者的动作描写令人眼前一亮，没有华丽的辞藻，只是真实的生活再现。不知不觉中，"小馋猫"的形象灵动地展现在眼前，令人忍俊不禁。
>
> ——高琳婷

我是一条"百变虫"

　　告诉你一个天大的秘密——我是一条精怪古灵的"百变虫"！嘴别张得那么大！不相信？也难怪呀，你们都被我文静的外表迷惑了，我的的确确是一条"百变虫"。

　　同学面前，我是负责的一班之长，号称"勤快虫"。每当老师有事，我这个一班之长就顶了上去：领读、听写、督促同学做作业……在我的管理下，班里是老师在和不在一个样。要是广播里通知领取奖状、粉笔什么的，我是最佳人选，不用老师开口，我已经把事情办得妥妥帖帖。老师总是夸我是她的左膀右臂、得力助手。可别以为我是头脑简单、四肢发达的女生，学习上我也是毫不马虎的。从小到大写作文一直是我的爱好，老师布置的假期日记我总是翻倍完成，作文讲评总能听到我的文章，班里的学习园地里贴着我的佳作，各级各类征文比赛的获奖名单中总能找到我的大名。这"勤快虫"应该是名副其实吧！

　　爸爸妈妈面前，我却是一条不折不扣的"大懒虫"。妈妈不催洗头，我可以一星期不洗；爸爸没提醒我背课文，我会一课不背；没人帮我洗衣服，我的脏衣物不见得会比"阿衰"家少！有一次，就因为妈妈急着上班没给我准备衣服，我就一直躺在床上，一直等到妈妈下班回来吃中饭才起来！妈妈常说我是"大饼挂在脖子上都会饿死的人"。最悲催的是上个学期，懒得运动的我免疫力渐渐下降，不仅患上了鼻炎，连400米都跑得筋疲力尽。成绩一出来,傻眼了——不及格!对于我这个运动健将来说是多大的耻辱啊!唉,这条"懒虫"可害惨了我……

每天放学以后,我立刻成了一条"贪吃虫"。方璐、何金惠子和我每天一起走回家。走在街上,我不是买年糕就是买热狗,不是喝奶茶就是啃面包。要不就是来一袋上校鸡块或咬几支脆皮甜筒……即使肚子已经吃得圆滚滚,我还会不住地往嘴里塞!

当我和同学聊天的时候,我是十足的"八卦虫"。什么唐嫣、刘诗诗、杨幂、郑爽、白冰、黄圣依、林心如、秋瓷炫……几乎所有的娱乐明星,我大多能讲讲他们的八卦。

但当看到我喜欢的书时,我又会变成"书虫",我会千方百计把书搞到手,而且可以一动不动连续看上好几个小时。

怎么样,大家惊讶的嘴巴该合上了吧?我把自己称作"百变虫"不假吧?其实我的百变,是缘于我的兴趣广泛,这里面当然有好的和不好的,不过我现在还不想改变,由它去吧,以后再说。

金华师范附小六年级　季沛杉

名师点评:

> 题目挺抢眼,既能激起读者的阅读兴趣,又是行文的线索。文章的开头也很有意思,似乎和好友聊天,又像是鬼精灵的丫头故弄玄虚,以"嘴别张得那么大"和结尾处的"惊讶的嘴巴该合上了吧"遥相呼应,使文章结构紧凑,浑然一体。
>
> ——周雅萍

忘不了的伙伴

小学六年级马上就要毕业了,母校、老师都令我留恋,但最不舍的还是我的三个死党。这不,她们来了:

你看,那个敦厚、壮实的小女孩就是陈盈盈。别看她长得五大三粗,其实她是一位非常可爱的女生。她很安静,你瞧,她正在安静地写作文,时不时停笔想一想。但是,一笑起来,就与众不同了:她一笑,嘴一咧,把声音低下去,发出"呵——呵——"的声音,好像是一个活泼的小巫女在笑;有时,她的笑会变成"嘿——嘿——"的声音,让人听了感觉毛骨悚然。她擅长数学,几乎稳坐班上前十的位置,这么聪明的人,语文、画画,不用我说,当然也不会差到哪儿去!

站在盈盈旁边、浅笑不已的是王淑燕。她是一位挺早熟、大胆的女生，我们都叫她"王叔叔"（王淑淑）。她会有一点点小脾气，得罪了她，她会穷追猛打，可打下的力度还掸不掉我身上的粉笔灰。她最大的特点就是热心肠，我上次肚子不舒服，她陪我去校医室。放学后，还不停地嘱咐我骑车回家路上要小心，真把我感动得一塌糊涂！呵呵！她的笑，是爽朗的"哈哈"笑，让人觉得十分舒服。她跟我一样比较擅长画画，跟我不相上下，还跟我有个共同点：数学是死穴，真正是同病相怜哦！

相对来说，王柯壹是最不爱讲话的了，她白净、文气、胆小，上课发言时，连同桌都得竖起耳朵，才能听到些许的声音。但在我心目中，王柯壹也挺可爱、宽容、好脾气。她的笑很奇怪，可能因为她戴了牙套，不能张大嘴笑，所以笑声是"呼——呼——"的，让人一见，也不禁"呼——呼——"起来！

我和上面的三位，合起来自称"美女四人组"。我们随时都在一起，特别是体育课上，只要老师一说解散，我们就会手牵着手直奔厕所旁的停车处，那是我们的"老地方"。在那里，我们聊得更开心！

快要毕业了，我们这个"美女四人组"自然也要被拆散了，但我们的心还在一起，永远拆不散。

再见了，伙伴们！

仙居县安洲小学六年级　朱溢佳

名师点评：

这是一个感情细腻的女同学，她总能从细小事情中捕捉到生活的美好。这篇习作写了小作者最好的三个小伙伴，并分别从长相、性格、笑声、特长四个方面，把她们写得真真切切、活灵活现。我们也从中感受到了她们之间深深的友谊。

——沈伟芬

巧手外婆

我的外婆是一个心灵手巧、劳善良的人。她烧得一手好菜，种得一园子的好花，会修理各种东西，更强的是她还会缝制衣服，医治各种小毛病，懂得很多医学常识，真是我们家的神人哎！

先说说外婆烧的菜吧！外婆烧的菜可谓是色香味俱全，她烧的蔬菜总是松脆爽口，荤菜总是喷香诱人。比如白斩鸡、酱鸭都是她的拿手好菜，比大酒店烧得还要好，想起来就流口水。她烧的干爆鳝丝是最好吃的，每当鳝鱼上市的季节,我就有口福了!外婆会买来活鳝鱼养着,等我去蹭饭的时候,外婆就抓些出来,小的就做成鳝丝,粗的就做鳝段。每当外婆做这菜,我就能吃下两大碗饭呢!

再说说外婆的修理功夫吧。大到电器,小到篮子,她都能倒腾倒腾。有一次,我可爱的糊涂外公把电热水袋放在电视上加热,后来就忘记了这回事,结果发生了热水袋爆炸的小事故,热水袋里的水全溅在了电视机上,电视机当场就"熄火"了。在众人觉得这电视机没救的时候,电视机被外婆三下五除二地拆开,用吹风机吹,用纸巾吸,这么一倒腾,电视机又能播放了。外婆真是太有才了!

还有外婆的种花水平也是很棒的,一年四季,外婆家的小花园里都能见到花开,芳香扑鼻,甚是漂亮!春天,黄色的迎春花在阳光下摇曳,带着春天的气息;夏天,金银花爬满了栅栏,绿油油的围墙上点缀着星星点点的小金花、小白花,很壮观!秋天,外婆的宝贝兰花开了,外婆小心翼翼地把它们搬进屋里,整个屋里充满了那种淡淡的兰花的清香,舒服极了!初冬,各色的菊花在寒风中开放,外婆的小花园里依然姹紫嫣红。

外婆的缝制功夫也值得一夸。她家里有台缝纫机,在她"哒哒哒"地一番折腾后,妈妈的裙子改成了我的衣服,我小时候的牛仔裤改成了两个布手袋,又环保又实用,好多人看了都想让外婆帮做一个。小时候,我夏天穿的绸褂子,又凉爽又好看。那时候,其他小孩的妈妈看到了,到处找也买不到。后来问了才知道是我外婆自己做的,羡慕得人家只有看看的份了。

还有外婆的医学知识也很丰富。她以前在药店里上班,又跟着医生太公学习,经常看医学书籍,所以我们家的感冒、发烧、拉肚子等小毛病都不用上医院,外婆就能给治好。保健知识就更不用说了,我们家一百岁的老太公就由她护理,至今还健康硬朗。

啊,外婆,最后我想问你一句,你咋那么有才呢?

长兴县实验小学六(9)班　寿奕宁

名师点评:

　　没有精致浮夸的语言,没有生动细腻的表达,但在这篇文章中,小作者让大家看到了一个精明能干、心灵手巧的外婆。没有亲身的经历,没有仔细地观察,是不可能写出这样实实在在的佳作的。尤其是最后一句"外婆,你咋那么有才呢"风趣、幽默,充分反映了小作者对外婆的敬与爱。全文紧扣"巧手"写,主题集中,有条有理。　——沈月飞

家有"三马"

（上）

家有"三马"？哪"三马"？来来来！自报姓名吧！

老妈说："我是'玛瑙'，孩子爸爸不在家，我便是家中老大！名字由来——孩子叫我'老妈'，两字一调，还真好听！"弟弟说："我是'马后炮'，人们一说，我马上点头附和！"我点点头说："那是，那是！我是'马屁精'，拍马屁我能行！"

这就是"三马"！自称"三马"集团！"三马"的名字全凭我和弟弟两句话。哪两句？请听——

有一天早晨，老妈送我和弟弟上学。我有事儿对妈妈说："老妈！咦？这名字不太好听……就叫玛瑙吧！反正老妈够漂亮！""就是就是！"弟弟的话刚一出口，第一个名字闪亮登场！

妈妈边开车，边似笑非笑地"夸奖"："亏你想得出来，真是个不折不扣的马屁精！"妈妈话音刚落，我和弟弟早已笑得前仰后合了。

（下）

"三马"不仅是家人，还是朋友，更是冤家！

"马后炮"哭了，"马屁精"哄；"马屁精"闹了，"玛瑙"哄！请看"电脑风波"！

"总算可以玩电脑了！"写完作业的我，长吁了一口气，准备和电脑来个亲密接触。怎料到，电脑前还有一位"淘宝迷"！这关不好冲，"马屁精"刚想发挥发挥，没有想到，漂亮妈妈竟然主动让步了。我刚要坐下，弟弟跑过来，一把夺过鼠标，点开了"赛尔号"。我气得真快吐血！"怎能让尔等无名小辈抢了我堂堂一代女侠的威风！"我再次抢过鼠标，大喝道，"玩电脑也轮不到你！"弟弟也不落下风，两个人厮打起来。老妈一声奸笑，移驾电脑前，继续"淘宝"去了！我双手一拱，甘拜下风，大喊一声："看电视去了！"

冤家路窄，就体现在这里！

"三马"集团是制造欢乐的集团，"马屁精"和"马后炮"紧紧跟着"玛瑙"，玩得不亦乐乎，闹得不亦乐乎。唉，只是可怜啊！这样欢笑的时间并不多。作业多就是其原因之一！哎……

台州市椒江区白云小学六年级　祝璐炜

名师点评：

生活永远是提供作文素材源头的那一潭活水,也可以说,生活给作文注入了新鲜而真实的血液。这样一篇作文,我们读到的不仅仅是作者对家、对生活的热爱,更读出了她活泼开朗的个性以及积极乐观的人生态度。作者以轻松幽默的笔调,向我们描绘了一幅其乐融融的生活画卷,妙哉,美哉!

—— 张丽

我们的"张果老"

"果老!"我和几个同学飞奔着跑下楼,迎面走来一位黑黝黝的,满脸笑容的体育老师。他已经五十多岁了,秃了顶,每当我们看见他的时候,他只有一个表情:笑。他就是教我们女生的体育老师——"张果老"。

"果老"是这学期才开始担任我们体育课老师的。第一节课,他就逗得我们哄堂大笑。上课铃刚打过,他的声音就在教室里响起:"同学们好!这学期我就是你们的体育老师,谢谢合作!"还没等我们起立,他就向我们鞠了一躬,让我们都承受不起这份儿"大礼"。"我叫张国平!""果老"顿了顿,笑着说道,"张国平的张,张国平的国,张国平的平!"这第二句话引得全班同学哈哈大笑,有哪个老师会这样自报家门的呀!"你们看我,长得又丑又黑,所以,你们可以叫我果老!"这突如其来的幽默,又让我们措手不及,大家愣了好一阵,才回过神来,捧腹大笑。就这样,在这轻松、愉快的氛围中我们度过一节难忘的体育课。

第二天的体育课,"果老"让我们先跑步,然后练习打篮球。班里几个娇气的同学举起手,说:"果老,我们身体不适,不能跑步!""不行!""果老"一改昨日的诙谐,突然严肃起来,把我们都吓了一大跳。"为什么?"同学们都充满了疑惑。"没有为什么,不行就是不行!"果老命令道,"谁说不行,全班再跑3圈。""啊?那我们能跑,能跑!"同学们苦笑道,都想着:这真是一个奇怪的老师呀,今后的日子可不好过咯!同学们都摇摇头,叹了口气,开始跑步了。"果老"看着我们笑了。

自从"果老"担任体育老师之后,"哭笑不得"的事情经常发生!

哭的是每天都要跑步,笑的是每天都可以做不同的游戏:击球跑垒、传球赛、躲避球、追逐赛……而对于那些不玩游戏的人,"果老"的法子可多着呢!跑大操场4圈,做50个仰卧起坐,做50个立身蹲起……让同学们都不得不把所有的精力都花在了游戏上，他可真是个怪老师呀！

　　大家是越来越喜欢敬爱的"张果老"了。你喜欢这样的老师吗？

宁波市万里国际学校小学六年级　张雪茗

名师点评：

　　文章开头先声夺人，新颖独特，张老师的样子栩栩如生地出现在读者的眼前。小作者通过两件典型的事情，抓住人物幽默的语言、与众不同的行为以及严格的教学要求等方面的特点，使"张果老"的形象跃然纸上，文章也表达了小作者热爱老师的思想感情。　　——俞根英

真情实感记事篇

关联教材 日积月累

写人记事,这是每个人学习作文都要掌握的技巧,极其重要。

比如三年级(上册)第二单元习作:我们身边有许多熟悉的人,他们身上有许多值得写的事。这次习作就来写熟悉的人的一件事,先想一想打算写谁,写他的哪件事,把这件事想清楚,再动笔写。

真题呈现 小试牛刀

请把自己想象成一个具有神奇力量的人,你会拥有怎样的超能力呢?你又会拥有怎样特殊的装备呢?请发挥你的想象力,设想你利用自己的超能力和装备,做了一件什么神奇的事情呢?请把这件"神奇的事情"写下来。

——三年级(上)杭州市余杭区期末统考

点滴技法 友情快递

1.要求学生从自己的角度写,不学大人腔,写出童真童趣。

2.注意把事情发生的时间、地点、人物,以及事情的起因、经过、结果写清楚。

3.可以顺叙,也可以倒叙。如果顺叙,事情怎样一步步发展,文章就怎样一步步写;如果倒叙,开头部分要简洁,不能絮絮叨叨,拖泥带水。

4.事情的经过是文章的重点,一定要详写,写具体。

5.写自己熟悉的事、经历过的事、感受最深的事,写出自己的真情实感。

名校范文 快乐分享

三年级

远去的鸽影

大年初一,张灯结彩的椒江市民广场游人如织、鸽群飞舞。料峭的寒风中不时传来孩子们追逐嬉闹的尖叫声和大人们的欢笑声。我随着人群来到喂鸽子的地方,见好多孩子围着管理员阿姨买鸽食,我也赶紧买了一份。

鸽子满天飞,如飘忽不定的白云,好美啊!我小心翼翼地倒出几粒玉米

粒放在手心,再把胳膊伸直,耐心地等待鸽子们在我的手心里挠痒痒,那种感觉,一定舒服极了。

鸽子们在我头上一个劲地盘旋,飞过来,又飞过去,却迟迟不肯落下来。我开始纳闷,今天的鸽子是怎么了?看看四周喂鸽子的小孩,也是一脸的无奈。好不容易有几只鸽子飞下来,却被一哄而上的小孩子给吓跑了。于是,就有大人在一旁提醒:鸽子胆小,千万别追赶鸽子。

小孩们拿着鸽食,在广场里走来走去,有的小孩把鸽食放在手心,把手举得高高的,另一只手一个劲地招呼着。而性子急的小孩开始哭闹起来,大人在一旁哄着。有个小孩闹得特厉害,怎么劝也不行。

一会儿,一只小白鸽飞落到前面的空地上,慢悠悠地走着方步,一副趾高气扬的架势。这时,没想到旁边的一个大人以迅雷不及掩耳之势一下将鸽子抓住,转过身递到还在发愣的小孩面前。小孩醒过神来破涕为笑,喜滋滋地把手里的鸽食塞进鸽子嘴里。几乎在同时,十几个小孩围过来,抢着喂鸽子。可怜的小白鸽就这样被强行喂着。我看见小白鸽不停地转着头,但是,不管小白鸽转向哪里,都有好几双手使劲地往它嘴里塞着食物,"咕咕""咕咕",小白鸽无助地叫着,红色的眼睛朝向天空,好像是在向同伴求助,又仿佛是在向同伴发出危险信号:不能飞下来,不能飞下来!

过了一会儿,小白鸽被放回到了地上,但它却像经历了一场灾难,战战兢兢地走着。我试着慢慢走近小白鸽,想用手去抚慰它,不料,又有一群小孩向它奔过来,小白鸽像是从噩梦中醒来,急切地拍动翅膀逃离人群,快速向远方飞去。望着远去的鸽影,我的心异常难受。

"小白鸽啊,小白鸽,快快飞吧,飞向那广阔、自由的天空。"我在心里默默地为它祈祷。

台州市路桥街道实验小学三年级　唐梓轩

名师点评:

> 文章开头简而得当,通过环境描写来衬托人物心情,十分艺术化。接下去写如何给鸽子喂食,小作者从人们的行为和鸽子的反应两个方面来写,写得十分细致、生动。文章通过人们强行给鸽子喂食,既反映了人们对鸽子的喜爱,也说明这种行为的不可取。同时,也反映了小作者对鸽子被人强行喂食的不满和对小鸽子的同情。——王海鹰

窃 读 记

天刚蒙蒙亮,我就醒了,今天醒得特别早,看了看床头的小闹钟,哟!才5点45分。也许是因为《神秘岛》里的故事把我深深地吸引住了吧!整整一晚,我心里总牵挂那本书,一个个问号在我的脑中调皮地蹦来蹦去:斯皮莱记者他们究竟在月光下看到了什么?他们打败那伙西欧海盗了吗?那个天神似的神秘人到底是谁?……

最后,我决定豁出去了。我三下五除二套上毛衣,随手拿起床边的那本书,一字一句地读起来……有时我为艾尔通已经被解救出来而高兴,差点激动得从床上蹦起;有时我知道富兰克林山就要火山爆发了而为主人公担忧;有时我又被感动得热泪盈眶……

突然,我听见"咚"的一声,大清早的,是谁啊?不会是妈妈起床了吧?不会吧,这时老妈应该还在做梦呢?但小心为妙,我赶紧扔开书,像小老鼠一样迅速钻入被窝,还发出了呼噜声,佯装正熟睡呢!过了好一会儿,妈妈还是没有反应,看来是小阿娘起床了,我侧耳倾听,厨房里有些许声音——"阿弥陀佛……"我长长地舒了一口气,又打开灯,放心地看起书来。

就这样,我又一次津津有味地看起来,不知不觉地就入了迷……突然,只听到"吱呀"的一声,妈妈走进了房间。"臭小子,那么早你就起来看书?!"妈妈发动了"狮吼功"。"我投降,我投降!"我嬉皮笑脸地说。

紧接着,我还是遭受了老妈的一番"狂轰滥炸",但清晨窃读的感觉真是太爽了,为窃读而挨骂,值!

宁波市江东区实验小学三年级　张　正

名师点评:

> 小作者真是太有趣了。你看他:早早起床,只为了那让他魂牵梦绕的书;忽喜忽忧,只为了那书中人物的遭遇;疑神疑鬼、装模作样,只为了能蒙混过关好继续看书。不过千小心万提防,最后还是因为太投入而被抓了个现行……这些情节都如同一幅幅生动的画面映入读者的眼前,而小作者生动的心理、动作描写,幽默有趣的遣词造句,更是让读者的心也跟着故事一起起伏跌宕。
>
> ——吴晓丹

养 蚕 记

阳春三月，我在心爱的盒子里撒下了新的希望——蚕卵。

卵慢慢变成紫黑色。两天以后，卵里钻出一条四不像——黑黑的，像蚂蚁，但是全身又长满了毛。妈妈和颜悦色地说："蚕小时候像蚂蚁，俗称'蚁蚕'。"听妈妈这样说，我才放下了心。要知道，我还以为蚂蚁"入室抢劫"了呢！

我每天精心照顾着蚕宝宝，发现了许多秘密：蚕宝宝怕水！因此，我每天小心翼翼地换桑叶，生怕水会滴进蚕宝宝的"小房子"，哪怕一滴水也会要了蚕宝宝的小命啊！不仅如此，我还知道蚕宝宝吃桑叶的速度非常快，一个下午就能把投进去的桑叶吃得零零星星，真是蚕食鲸吞啊！蚕宝宝吃得多，拉得也多。在整理它们的小房子时，我总能看到许多芝麻粒似的便便，刚开始我觉得很恶心。不过妈妈可不这样认为，她说："蚕宝宝的便便积攒在一起，可以做蚕沙枕头呢！"听了妈妈的话，我对蚕宝宝的便便有了很大的改变。养蚕过程中，我还发现蚕宝宝也有厌食的时候，这时候，即便你给它们的桑叶再新鲜，它也依然无动于衷，只是将头和胸高高昂起。当然，我现在知道，它们一动不动是准备蜕皮了呢！

虽然我一丝不苟地照顾蚕宝宝，但是我最最心爱，也是最最肥大的一条蚕宝宝还是离我而去——死了，它全身发黄，仿佛被浇上了一层什么东西似的。我见了号啕大哭起来。经历了这悲惨的一幕，我改变了原先的管理制度，将蚕宝宝一条一条分区关在了"小房子里"，并叮嘱妈妈："桑叶一天换一次，及时把便便清理干净，数清蚕的条数，不要让蚕失踪……"每到周五，我就归心似箭，一回家就检查妈妈的工作，生怕再有蚕宝宝离我去天堂。

经过一个半月，我收获了一个重大的喜悦，这是我养蚕以来感到最快乐的事——我的蚕宝宝吐丝结茧了！我看着蚕宝宝先是爬到盒子的一角，口吐银丝，把自己拉到盒子的上方，然后把丝一口一口地吐出来，再一条条缠起来。

我看着它们默默地走完自己的一生，心里又敬畏，又好像有点说不出的味道……

磐安县实验小学三年级　周轩哲

名师点评：

> 　　阳春三月,孩子们开始养蚕。在养蚕过程中,孩子们坚持不懈,注意观察,同时记录了蚕的生长过程,并从中领悟到了生命的可爱和可贵。此文描述养蚕带来的快乐与伤感,情真意切,令人感动。
>
> ——陈莹

卡　刺　记

　　去年暑假,我和很多小伙伴一起在上海学英语,学了什么都忘到脑后了,但是那件卡鱼刺的事还深深地印在我的脑海里。

　　那天晚上,我和小伙伴正在吃晚饭,最美味的海鲜——鱼端上来了。我和张家玮眼睛一亮,马上拿起筷子直捣鱼肚。我轻而易举地夹到一块肉,塞到嘴里来不及咀嚼就吞了下去。鱼肉还没到喉咙口,一看,元元他们抢得那么凶,我想,管他呢,再抢几块吧,免得等下没我的份了。接着,我就又夹了一块鱼肉,不管三七二十一地吞下去,这下就出事了,一根鱼刺卡在我的喉咙里了。我重重地咳了一下,想把它咳出来。但刺没咳出来,却把痰咳出来了。妈妈一看就知道是怎么回事了,脸一沉,说:"咳出来了没有?"我摇摇头。接着,我改用吞饭团的方法,刚一吞下去,陈弘毅的妈妈就急着问:"刺没有了吗?"我摇摇头。妈妈听了又急又气,训斥说:"哪有像你这样吃饭的?活该!"我听了,眼泪吧嗒吧嗒地往下掉,心里十分难受。最后,妈妈心软了,还是带我去了医院。

　　在去医院的路上,我忐忑不安,心想,万一这刺连医生也拔不出来怎么办呢?我害怕极了,也哭得更厉害了。妈妈见我这副可怜相,轻轻安慰我说:"小囡囡,没事,医生会帮你的,不用害怕。"我点点头,但心里还是害怕。

　　到了医院,一位医生正戴着显微镜,他一看到我就让我坐下。他叫我张开嘴巴,并用扁扁的东西把我的舌头压下去。他问我刺卡在哪一边,我指了指右边。这位医生很快又拿了一个夹子伸进我的喉咙,我吓得连大气也不敢出。可一眨眼的功夫,卡在喉咙里的刺就被拔出来了,心里的石头终于落了地,但眼泪还是流了出来。

　　这事虽然已经过去一年了,但那份恐惧还隐藏在我的内心深处。这件事给我的教训太多了,比如:不该自私,和同学抢东西吃;不该粗心;有了事又不该胆小……同学们，你们体会到了什么呢？

台州市椒江区第二实验小学三年级　何洋子

名师点评：

> 　　小作者记叙了自己一次卡刺的亲身感受，具体地描绘出自己抢鱼肉的那副贪婪相，特别是卡刺后内心的恐惧，去医院路上的担忧，拔刺时的那份紧张，更是刻画得淋漓尽致。小作者能抓住人物的语言、动作、心理进行细致描绘，叙事条理清晰，语言清新自然，童言童心溢于字里行间，让人如感其情，如见其人。
>
> ——池雅静

摘 桑 果

　　一个风和日丽的下午，妈妈带我坐着叔叔的车到六敖的农业园区去摘桑果。桑果我只吃过，听说是在桑树上长出来的，但是长在树的什么地方，我可没见过。带着我的期待，车子飞快地开到了农业园。

　　我们来到桑树种植的地方，哇！好多大棚呀！竖着看，像一条条长长的巨龙卧在那里；横着看，像一条条长长的波浪线。太壮观了！我们惊叹着进了大棚。一进大棚，我简直看呆了。只见许多桑果像一条条毛毛虫一样挂在枝头上，果子是由一个个小小的疙瘩果粒组成的，有黑的，有紫的，有红的，还有青的和白的……我一见，吓了一大跳，那不是"毛毛虫"吗？我怕得不敢伸手，可是……可是我发现别人都在摘，我不甘心，用手悄悄地摸了摸桑果，嗯！毛毛的，它不扎我。我胆子大起来了，抓起一个红桑果就要摘，只听妈妈说："可可，青色的和红色的都还没成熟，黑色的又太熟了，不好吃，要摘紫色的。"我听从了妈妈的话，不一会儿便摘了半篮。妈妈看我摘得那么快，不但表扬了我，还把她自己摘的也放进我的篮子里。

　　过了一会儿，我的新鲜劲儿过了，就开小差摘桑叶去了。在那里，我摘了满满一篮桑叶，心想：这下，我家蚕宝宝一周的口粮有着落了。

　　快乐的时光总是短暂的，回程的时间到了，我和大家一起，心满意足地坐在车上，依依不舍地回家了。啊！多么快乐的一天！虽然桑果染紫了我们的衣服，涂红了我们的双手，把我变得像小花猫，但我们很快乐！

三门县外国语小学三年级　吕潍伊

名师点评：

> 　　文章不长，但小作者把摘桑果的过程叙述得很清楚，也很具体，生动有趣。我们透过小作者那生动、形象的语言描述，清晰感受到"期待——远看桑园——近看桑果——摘桑果"到"开小差摘桑叶"，这个洋溢着童趣的过程，朴实自然的童心也体现在文中，使文章散发着清新活泼的气息。
>
> 　　　　　　　　　　　　　　　　　　——陈敏

喜得"宝地"

　　星期六，天难得放晴，我和爸爸妈妈兴冲冲地去附近的田野挖野菜！

　　农田很快就到了，我急忙跳下车，拎上小篮子，还不忘拿着对付杂草的秘密武器——会"咔嚓咔嚓"响的剪刀。刚走过一段泥泞不堪的小路，妈妈就开心地叫起来："哇！马兰头！"我低头一看，的确有一排绿油油的马兰头藏在杂草丛中。爸爸走过来看了看，马上连根挖起——说要带回家种在我们的花坛里呢！我想，这样，我们就可以在家门口剪马兰头了，多好呀！

　　我又和妈妈一起"闲逛"起来。没走几步，我们又遇到了水芹菜。拔开草丛，我惊奇地发现水芹菜长得细细长长的，根白白嫩嫩的，叶子呈不规则形状，凑近一闻，啊，还散发着淡淡的香气呢！我们先把它连根拔起，再把它下面的"胡须"小心翼翼地剪掉，然后去除黄叶和杂草，整齐地放进篮子里，水芹菜的"加工步骤"就完成了！哈哈，遇到这些菜，我的剪刀就能发挥作用了，这下它们一个个都成了我的"手下败将"了。不一会儿，我们就收获了满满一篮子的水芹菜了。于是，我和妈妈就在阳光下的田间小路上开始漫无目的地继续"闲逛"起来。我手持得意武器——小剪刀，时不时地弯下腰来东剪一下，西剪一下，听着"咔嚓咔嚓"的声音，我觉得很好玩。

　　走着走着，我们发现了一块"风水宝地"，那里长着许多杂草，看样子已经没人耕耘播种了，但仔细一看，土地十分肥沃，旁边还有一个人工小池塘呢！妈妈说，应该叫爸爸来这儿开荒，种上各种豆子，等它们发芽了，旁边就可以取水浇灌，多好呀！哈哈，真是个好主意！我们"逗留"了一会儿，回去时，一路收获了好多的"战利品"——农民伯伯收割剩下的小白菜、小花菜，田间的各色小野菜，还有一些不知名的小杂草，哈哈……

　　等我们回到爸爸开荒挖地的地方时，爸爸喜上眉梢地告诉我们一个好消息：旁边正在打农药的一位农民送了我们两块地，我们拥有自己的菜地喽！瞧，爸爸已经迫不及待地去挖地了,我们则像两只贪玩的小猫咪一样,继续去乱草丛中寻找我们的小野菜去了……

当夕阳西下时,我们喜滋滋地满载而归了。哈哈,以后,我们可以经常来自己的菜地种菜玩耍了,想想该多么美好呀!

宁波市国家高新区实验学校三年级　徐嘉宁

名师点评:

小作者用富有童真童趣的语言,给我们讲述了自己生活中的快乐小事。整篇文章行笔流畅,不失幽默,让人读着很舒心。看得出小作者是个很会观察生活的孩子,能用自己的笔书写生活,值得同学们学习!

——俞春丽

四年级

滑　雪

今天,我们一家人早早地起了床,因为我们要到绍兴的"冰雪世界"去滑雪。

很快我们就来到了绍兴的"乔波冰雪世界"。我们直奔更衣室。在换衣服时,一阵阵冷风吹来,我直哆嗦,赶紧穿上羽绒衣、羽绒裤,戴上手套,套上雪鞋,抱起滑雪板,全副武装地进了滑雪场。

一推开滑雪场的门,我浑身都起了鸡皮疙瘩,因为里面极冷,只有零下五至七度,冻得我都快结冰了。我向雪场瞧了瞧,好大,足足有两个足球场那么大!比我原来想象的大多了。我兴奋地拉着爸爸妈妈踏着积雪,一步一个脚印地登上最高处,累得气喘吁吁,又不觉得冷了。

我站在坡顶上。把滑雪板放正,先把左脚脚尖放进脚套处,一顶,再把脚后跟对准,用力一踩,"啪"的一声就扣好了一个滑雪板。另一只脚也一样。我弯腰屈膝,鼓起勇气滑了下去,寒风呼呼地把我的眼睛都给迷住了。可惜没滑多远,我就摔了一个四脚朝天,不过一点也不疼。我爬起来,回头一看,发现爸爸摔得更惨,他的滑雪板都脱脚飞了,人也飞出去转了好几圈才停下来。妈妈站在坡顶上笑弯了腰,人直往后退,她根本不敢滑。

我和爸爸重新回到坡顶,我摆好姿势,弓着腰,缓缓地滑了出去,只觉得越来越快,越来越快,风在耳边呼呼地响,一眨眼就滑到了坡底。爸爸在坡顶向我竖起大拇指,我开心极了。就这样我不停地抱着滑雪板爬上坡顶,又开心地滑下来。可是这样玩太累了,我就到右边乘索道上坡顶,再滑下来。吹在脸上的风不再冷了,脚下的滑雪板也不觉得重了。

不知不觉玩累了,我脱了手套,看了看手表,呀,六点多了,我们赶紧回了家。

金华市南苑小学四年级　程翔宇

名师点评:

> 小作者把自己亲身经历的一件事,用简洁流畅的文字记叙了下来。文中谈自身的感受,谈他人的表现,虽然笔墨不多,但生动传神。文中每一句都是学生自己的语言、自己的想法,特别真实。正因为是原生态的习作,所以才更值得赞赏。
>
> ——朱美如

精彩十分钟

"叮铃铃",伴随着清脆的下课铃声,同学们最期待的课间十分钟又到了。

"快躲啊!快躲啊!包力文要来抓了!"听到这叫喊声,我一溜烟就跑了。我多么希望能找到一个好的藏身之所啊!我左看右瞧,就是没有一个好地方。哎,这可怎么办呢?就在我急得像热锅上的蚂蚁——团团转时,突然看到走廊的拐角处有一把黑色的大雨伞撑开着。哈哈,真是天助我也!此刻,外面正下着小雨,这把伞上还有雨水,应该是哪位老师放在这里晾的,包力文一定想不到我会躲在这儿……想到这,我就快步走到伞后,尽量蜷缩起身子藏了起来。

这可真是一块"风水宝地",既隐蔽,又可以偷偷看包力文的一举一动。只见包力文东瞧西瞧,忽然撒腿狂奔起来。"嘻嘻,有人落网了。"我暗暗笑道。果不其然,不一会儿,一条落网之鱼垂头丧气地从教室里走了出来。我得意地笑了:呵,叫你乱藏,被捉住了吧?不动脑筋,活该!

忽然,包力文又狂奔起来,而且是朝着我的方向。"天哪,不会是看到我了吧?"我背后直冒冷汗,心像小鹿似的乱撞……还好,包力文从我身边直冲过去,跑进了厕所。过了几秒钟,包力文神气活现地从厕所里走了出来。我一看,差点没笑出声,除了我,其余的人都被抓住了。

只剩我了,他们展开了地毯式搜索。连我都害怕起来,这样找下去我非被找到不可!突然,我看到了让人哭笑不得的一幕:包力文居然把一个老鼠洞用棍子掏了遍。她这是干什么？我又不是老鼠精。"陈诗涵，你在哪里呀？我们认输了！"她们似乎找累了，竟然就在我躲的黑色大雨伞前面停了下来。"怎么办啊！我们怎么这么没用啊！这么大个人都找不到，难道她穿了哈利·波特的隐身衣了？要不她也有一把飞天扫帚？……"听着她们的议论，我实在憋不住了，"扑哧"笑出声来，干脆从大雨伞下一跃而出。陈双赢被我吓了一大跳，另外几个同学也吃惊地望着我，我还在那里哈哈大笑。"陈诗涵，你真坏，有那么好的地方也不告诉我一声！"缪颖欣边笑边对我说。

"谁叫你不动脑？猪啊！"

大家一边笑，一边说，一边跑向教室。因为上课铃已经敲响了。

安吉县递铺镇第三小学四年级　陈诗涵

名师点评：

　　玩是孩子的天性，哪怕短短的课间十分钟，他们也玩得兴致勃勃。文中比喻形象贴切，如"落网之鱼""斗败的公鸡"；文中的心理描写细腻生动，从"着急""窃喜"到"担心""得意"，每一处都写得十分精细。四年级的小学生能把课间活动写得这样具体、生动，十分难得。

——许叶

斗　蛋

今天早上起来，我刚走出房门，一股浓香的茶叶味扑鼻而来，馋得我口水直流。来到厨房一看，原来是外婆煮了一大锅的茶叶蛋，这时我才想到今天是立夏了。

立夏照例是要吃蛋、斗蛋的。我发动全家斗蛋，我和妈妈、外婆组成了女队，外公和爸爸成了男队。首先对阵的是外公和外婆，他们手心里各握一蛋，外公信心十足地招呼外婆，外婆也跃跃欲试，两只鸡蛋的顶端碰在了一起，外婆都还没反应过来，只听到"啪"一声，手里的蛋已经破了，可谓出师不利。

第二局，由妈妈挑战爸爸。妈妈在盆子里挑了半天，总算挑了一个合心意的。妈妈一本正经地把蛋放在嘴边，"呼呼"连吹了两口气，然后冲着爸爸勾勾手指说："尽管放蛋过来！"这时爸爸也摩拳擦掌，把蛋往亮处一照，然后不慌不忙地把蛋放在手的虎口部位。比赛正式开始，爸爸、妈妈手上蛋的距离越来越近，我在边上不断为妈妈加油助威。就在两蛋快要相遇的时候，妈妈忽然主动进攻,先发制人,爸爸退让已经来不及了,"啪"的一声,蛋碎了,妈妈把那个宝贝鸡蛋举得高高的,乐得像个孩子。

斗蛋比赛到了决胜局,我早就想一显身手,为女队扬眉吐气了,我大踏步地走向爸爸。站在人高马大的爸爸面前,我隐隐感到有些压力,握着蛋的手微微发抖,心跳在加速。再看爸爸,他双手抱成拳护着蛋,严阵以待。我趁着兴奋劲儿,把蛋的较小的一端对准了爸爸手上的蛋,使出全身的力气顶着,僵持了两三秒钟,"啪""啪"两声几乎同时响起,我们俩手里的蛋同归于尽了。

大家都被我这种耍赖的斗蛋技巧逗乐了。最后,外公对这场比赛做了总结性发言:"这场斗蛋比赛,赛出了水平,赛出了风格。我宣布夺得第一名的是男队,获得冠军的是女队。"

宁波市镇海区实验小学四年级　洪竹懿

名师点评:

这篇习作,写的是立夏这天,小作者一家玩斗蛋比赛。文章按事情的发展顺序写,写清楚了事情的起因、经过和结果。前后两部分简略,中间部分具体,重点突出。文章把斗蛋过程写得有声有色,十分精彩,读了让人印象深刻。

——卢华斐

爆 米 花

"嘭——"的一声巨响,打破了小区的宁静,我和妈妈大步流星地向小区门口走去,刚来到小区门口,又听见"嘭——"的一声,到处冒着白烟。

我什么都看不清楚了,过了一会儿,白烟渐渐地消散了,我才发现这里排着好长的队呀!排队的每个人都左手一袋米,右手一桶油的,地上还放着糖、芝麻、花生等。队首,有一位衣衫朴素、面目慈善的老爷爷,他的面前是一个被烟熏得黑乎乎的铁葫芦和平底锅。排队的老奶奶告诉我们,这是在做爆米花。妈妈问我要不要也来点,我高兴得一蹦三丈高。

于是,妈妈就匆匆上楼拿东西了,过了一会儿,妈妈拿来了大米、油、糖、芝麻、花生、葡萄干……看来,今天我可以大吃一顿了。十分钟、二十分钟、三十分钟……我等得花儿都谢了,终于轮到我们了,我急忙把油、米、芝麻等都搬到了老爷爷面前。那位老爷爷先把米灌进铁葫芦里,把盖子盖上,再在灶肚子里放上几块黑得发亮的煤炭。他一手加煤,一手则不停地拉着风箱,风箱也"吱嘎吱嘎"地响着。

过了一会儿，加热好的大米就出炉了，只听老爷爷高喊一声："好哩!"就从火炉上熟练取下铁罐，小心翼翼地放在地面上，用拇指粗的铁管轻轻一按，只听"嘭"的一声巨响……白烟再次散开。等白烟散去，我探出脑袋一看，真是让我大吃一惊，本来蚂蚁那么大的白米，现在有指甲盖那么大了，而且颗颗饱满，粒粒精神抖擞。接着老爷爷把爆好的大米放在一个桶里，把油倒进锅中，再放入白砂糖后加热。一眨眼的工夫，白砂糖就变成了一锅甜甜的液体了，老爷爷把这一锅甜甜的东西倒进了刚才放爆米的桶里，再放上芝麻、花生和葡萄干，用木棒搅拌均匀，然后统统倒在一个大盘子里压平，让太阳晒干。看着这么一大盘爆米花，我馋得直流口水。

又过了一会儿，老爷爷拿起刀，"咔——咔"，一大盆爆米花被切成一块块的，我急忙拿了一块就往嘴里送。"啧啧! 太美味了，比超市里的'米老头'还香还脆!"我点头称赞道，"妈妈，你也吃一块吧。"我递了一块给妈妈，妈妈也拍手叫好。

桐乡市实验小学教育集团振东小学四年级 张之蕙

名师点评:

> 一个被烟熏得黑乎乎的铁葫芦，一个坐在小区门口的老人，被一群人团团围住，直到那铁葫芦里倒出饱满、喷香的爆米花——小作者用她的慧眼，向我们展示了平凡人最平凡的幸福。 ——张镜地

这到底怎么了

星期四下午第一节课是活动课。

几分钟过去了，老师还没来。渐渐地，几个胆大的"猴子"开始活动起来。接着，好像大家都开始坐不住了，女同学三个一群五个一伙地聊起了天，男同学凑在一起，大胆地玩起了"捉人"的游戏。

第一回合，叶一苇当抓人的。因为叶一苇的跑步能力是我们班数一数二的，只要是他来抓，我们班上的男同学，多数都会被他抓到。这次我的任务是"逃"，就是不能被叶一苇抓到，如果抓到，我就输了。于是我一边观察叶一苇的动向，一边弓下腰，猫着身子不断转移位置。只见叶一苇向严晨峰跑去，才几步，严晨峰就束手就擒了。我想这下糟了，因为严晨峰被抓后，也变成坏人的人，这样叶一苇就又多了一个帮手。我们就更加危险了。

　　为了躲避叶一苇的抓捕，我猫着腰，双膝跪地向教室后面迅速爬去。"叶一苇老兄我在这里呢。"我一边故意挑逗叶一苇，一边猛地站直身子，向上一跃。叶一苇见了，果然朝我这边追来。我猫着腰，"呼"地又往边上一闪。只听"砰"的一声，叶一苇差点就钻到边上的垃圾桶里了。看着叶一苇狼狈的样子，同学们捧腹大笑。

　　"可恶的小猪，看我怎么收拾你！"叶一苇好像恼羞成怒，气呼呼地再次向我扑来。边上的王飞越见垃圾桶碰翻倒地，赶紧想过来把垃圾桶扶起来，就在这时"不幸"的事情发生了——也就是正当叶一苇迈腿向我追来的一刹那，竟然踩在边上的一只空牛奶盒上。"啊——"随着一声杀猪般的嚎叫，大家定睛一看，只见这只空牛奶盒飞了起来，不偏不倚，正好砸在王飞越的脸上，霎时，王飞越的右脸颊上开出了一大朵白花……

　　……

　　正在这个时候，教室里突然安静下来了。我们几个逃的，感到有点奇怪，纷纷从自己隐藏的地方爬了出来。一看，五雷轰顶，只见老师手里拿着个手机，"嚓嚓嚓"地正对着我们拍照。我们都吓坏了。一个个傻了似的，都惊住了。"别怕，同学们，这节活动课，就让你们玩，看看你们谁最能玩，等下我把录像放给你们看。"说完，陈老师挥了挥手中的手机，然后真的开始放录像，顿时，教室里又笑翻了天。我心里暗暗在说："这到底怎么了？"

丽水市莲都区中山小学四年级　朱逸雨

名师点评：

　　孩子是天真活泼的，玩总是伴随着他们的成长。文章开门见山，轻松调皮的语言中尽显孩子的"玩性"和事情的趣味性。小作者别出心裁之处，还是老师出场的安排——偷偷录像，而不批评。此处的情节更有一点戏剧性，也耐人寻味。四年级的学生能够围绕某一个主题生动地叙述事情，表达自己的真情实感，相当不错。

——李周建

我孵小鸡的故事

　　童年就像一片湛蓝的海，在这片广阔的大海里流淌着我的童真，装载着我那美丽的梦想，它的每一朵浪花可能都有我幼儿时的趣事。

　　我小时候特别喜欢小动物，如小猫、小狗、小兔子……当我遇到它们时，常常会亲切地去抚摸它们，跟它们玩，跟它们讲心里话。

有一次我到衢山去看望外公外婆,一到外婆家我就被一群可爱的小鸡吸引住了:它们个个披着淡黄色的毛绒服,纤细的小脚有节奏地轻巧地在地上掠过,尖尖的嘴里唱着稚嫩的歌声:"叽叽""叽叽"。它们在母鸡的带领下欢快地跑来跑去。我好不容易才数清楚,一共有十二只小鸡。我情不自禁赞叹:"妈妈,母鸡真厉害,一下子就生了十二个宝宝,她在生宝宝前肯定挺着个大大的肚皮。"妈妈听了,"扑哧"笑出了声,说:"这十二只小鸡不是一下子从母鸡的屁股眼里生出来的,而是母鸡先每天生一个鸡蛋,然后把这些鸡蛋放在一起,母鸡在这些蛋上坐着,小鸡就会从蛋里钻出来,这就叫母鸡孵小鸡。"听了妈妈的话,我似懂非懂地点了点头,继续跟小鸡们玩去了。

到了回家的那一天,我闹着要把这些小鸡带回家,可妈妈坚决不同意,就连一只也不让带。我只好伤心地跟它们告别。

回到家,我偷偷摸摸从冰箱里拿来一只鸡蛋,开始了亲自孵小鸡的秘密活动,心想:我要来个先斩后奏,等我孵出小鸡后,妈妈就是不同意我养小鸡也已经太晚了,因为生蛋已经变成了小鸡。我轻轻地关上房门,把蛋放在软软的被子上,因为我在电视上看到一些阿姨生小宝宝时都是在床上的。然后,我又小心翼翼地坐在蛋上。

过了好一会儿,妈妈见我没动静,就一边叫我的名字,一边推门进来了,我慌忙想站起来,可脚在被子上一滑,一屁股重重地坐在了蛋上,只听下面"咔嚓"一声,透明的蛋清从大腿间流了出来。我知道闯祸了,连忙向妈妈坦白交代。妈妈听了,真是哭笑不得,她一边收拾残局,一边哭笑着说:"你这孩子,真是又好气又好笑,你怎么能孵出小鸡来呢?再说了,也并不是每只鸡蛋里都能孵出小鸡的。"我听了,在惊吓中又似懂非懂地点点头。

每次想起这件事,我就会情不自禁地笑。

舟山市定海区舟嵊小学四年级   傅甘露

名师点评:

这是一篇生活气息十分浓厚的习作,小作者讲述了自己在童年时期所做的一件"傻"事,其实准确地说,它更是一件趣事。小作者通过细腻的语言、心理、动作等描写,生动地回忆了自己孵小鸡的缘由与过程,表现了小孩子的天真与单纯,还有一颗喜爱小动物的心。整篇文章语句流畅,叙事条理分明,一路铺垫,层层推进,读来让人回味。

——陆秀玲

五年级

抓　蚂　蚱

　　童年是一幅画,画里有我五彩的生活;童年是一首歌,歌里有我的幸福与欢乐;童年是一个梦,梦里有我的想象与憧憬。这十二年来,我的童年发生过许许多多快乐和难忘的瞬间。一个烈日炎炎的夏天,在美丽的公园,在翠翠的大树旁,在青青的草地上,真的发生了一件趣事。

　　记得那一天,我在小街上挨家挨户地找到了许多小伙伴,我和星星、天天这些小伙伴一起戴上小草帽,拿上小罐子,兴高采烈地跑到水北街旁的一个小公园中,去抓蚂蚱。

　　"哎,天气真热啊! 蚂蚱蚂蚱快出来,抓了你我好回家!"星星抱怨着。"哎,别吵! 蚂蚱都要被你的声音震死了!"我生气地说。忽然,离星星有十几厘米的地方,小草在无风的情况下微微地"摇头",星星见了大叫:"我见到蚂蚱了!"说着,便向蚂蚱猛扑过去,可这只"猴子"眼疾手快,一下子从"五指山缝"中钻了出来,然后面对星星,好像说道:"如来,看我老孙一棍!"几秒后,"五指山"又向"猴子"扑去,可它一下子跳到了如来的头上,此时此刻,突然听到一声大叫,只见星星的双手一直在头上抓来抓去,脚也一直跳着。过了一会儿,又听见一声大叫,只听星星说:"啊哈哈! 蚂蚱被我抓到了!"可是,大家没有去羡慕星星,反而像疯子一样哄堂大笑,因为星星的头发已经成为一个典型的爆炸头了,星星见我们的举动,才反应过来,哭丧着说:"这回要被爸爸妈妈骂了!"

　　"嘿! 那儿又有一只!"我大叫,我像一只蜗牛,慢慢向它蠕动,过了一会才到它面前,我突然向它扑去,可蚂蚱却像一位先知,什么都知道,就从我手前逃了出去,我眼睁睁看着它逃脱,一点也不甘心,便又向蚂蚱扑去,"蚂蚱看招!"蚂蚱终于没有逃出我的手心。我小心翼翼把它放进罐中,刚站起来,忽然又听到一声大叫……"哈! 哈! 哈! 这儿有一群小蚂蚱,一只,两只,三只,我发达了!"天天正跳着脚大喊,像一只打了兴奋剂的狮子。只见他用力向蚂蚱扑去,可是,老天爷不开眼呀! 一个个小蚂蚱可都是出了名的飞毛腿啊! 当天天向它们扑去时,它们一个个都飞快地逃走了,只剩下了一个大大的"胖子"。此时的天天既高兴又生气,自言自语地说:"老天爷! 老天爷!我与您无冤无仇,您老为何偏偏来玩弄我呢? 还好,还留了只胖子给我,不然我会把家里的鸡毛掸子拿出来打死您!"

　　我们望着罐子中的蚂蚱,你推我搡,开心得哈哈大笑。

杭州市余杭区塘栖二小五年级　周超峰

名师点评：

> 童年是五彩缤纷的，一片竹林，一个毽子，甚至一只小小的昆虫，都是他们的好玩伴。本文的作者，回忆了童年和小伙伴一起抓蚂蚱的事，表达了对美好时光的眷恋之情。本文最大的特色是，抓住了人物的语言、神态和动作描写，语言幽默风趣，使文章增色不少！
>
> ——张建玉

草莓花儿朵朵开

"小恒，快来大姑姑家摘草莓……"放下电话，我乐得手舞足蹈。心想：还是大姑姑最疼我了，知道我爱吃草莓。我连忙让妈妈带上篮子，一边高兴地嚷着："摘草莓去了！"一边跟着妈妈，踏上了去姑姑家的路。

姑姑的家在邵家渡，那里盛产草莓，几乎家家户户都种有草莓。不一会儿，我们就来到了草莓田。只见一排排洁白的塑料大棚密密麻麻，很是壮观。空气中，一缕缕草莓的清香隐约可闻。当我们走近姑姑家的草莓棚时，姑姑和姑丈笑盈盈地等在大棚前面。我们走进大棚，一阵暖风夹杂着草莓的芳香迎面扑来，我看到一垄垄的草莓很长很长，那绿油油的草莓苗穿透黑色的塑料薄膜，扎根在黑黝黝的泥土里，而一个个红艳艳的草莓则结在莓叶下，煞是好看。我来不及等姑姑招呼，一手提着小篮，一手把一个大大的草莓摘下来放进嘴里，刚刚咬上一口，唇和舌头就马上染满了鲜红的汁水，味道又鲜又甜。我一边摘一边吃，再看看草莓，草莓的样子还真是可爱：它们有的像陀螺，有的像荔枝，有的像佛手……不一会儿，我就摘满了一篮。

摘完了草莓，姑丈开玩笑似的和我说："小恒，你可知道这篮草莓能卖多少钱吗？"我摇摇头。姑丈眯缝着眼，得意地说起来："你这篮草莓少说也有 5 斤，一斤 13 元，你说值多少？"我一算，大吃一惊，想不到一篮草莓值这么多钱。这时只听姑丈继续滔滔不绝地和妈妈说着："今年我家种了两棚草莓，从正月卖到现在，快六万了。苦是苦了点，不过，这几年种草莓收入还真不错……"我听了惊讶不已，我说："姑丈，你们的收入真是比我爸妈还要好啊，太了不起了！"姑姑在旁也开心地说："是呀，挣了钱，等闲下来我们准备装修房子了，买电脑，买大电视，放假你来我们家住，好吧？"看着姑姑和姑丈那花儿似的笑脸，我情不自禁地说："你们这里的农民生活真是芝麻开花——节节高，比草莓还要甜呀。"

走在回家的路上,我激动地看着那一排排密密麻麻的洁白的塑料大棚,仿佛看见了又一个春暖花开的季节,真是"草莓花儿朵朵开,幸福生活到处在"。

临海市大洋小学五年级 赵毅恒

名师点评:

> 文章选取了生活中的鲜活例子,用质朴的语言,具体地描写了摘草莓过程中的所见、所闻、所感。写出了农村草莓地的欣荣景象,表达了摘草莓时的愉悦心情和对幸福生活的感受。行文流畅,层次清晰,情真意切,通读全文后,给人一种"幸福之花香满园"的感觉,并从文中可以看出小作者对生活的热爱。
>
> ——朱晓群

快乐的野炊

今天是参加实践活动的第三天,在课程表中,下午就是野炊活动! 这可是我最梦寐以求的!

吃完午饭,我们便聚集在餐厅里了。干吗? 听教官交代活动规则和安全问题呗! 兴奋的我早已坐立不安。所谓"人在曹营心在汉",我是"人在餐厅,心在野餐区"啦! 等了差不多一个"世纪",教官总算发出"排队"的指令,我们兴高采烈地领了餐具、调料、菜和柴火,向野餐区进军了。

"钱振威,你炒菜! 周惟一,你去烧火……"组长赵天卉指挥分工。"嘿! 瞧我的!"我一个箭步冲到了灶台。我在乡下太婆家烧过火,还算有点经验吧!

在教官的帮助下,火点着了,我的任务就是控制好火候。钱振威把花菜倒入锅中,冲我喊了一声:"加大火!"我赶紧用火钳夹了几根柴火往灶洞里一扔。不想这火非但没有加大,反而变得微弱起来,就剩下一点点火星了。"不好! 柴火一下子加多了,把火盖住了!"我心里暗叫"糟糕!"。钱振威半天不见水沸腾,又叫了一嗓子:"火力火力! 快点呀!"我慌了,手忙脚乱地把柴火拨开,鼓起腮帮使劲往里面吹气……嘿! 还真行! 火苗蹿起来了! 趁着这火势,我又一根一根地往灶洞里添柴火。

"水开了!"钱振威抢起了铲子,开始忙活他的拿手菜了。"你只管放心烧菜,火力就交给我吧!"我卖力地又吹了几口气。哎呀不好! 烟熏到眼睛里去了……一阵刺痛! 咳咳咳……烟跑到嗓子里去了,真难受!"水煮花菜烧好啦! 下一个! 加大火力!"钱振威一声吆喝。我顾不上擦眼泪,眯着眼睛赶紧添柴。

就这样，大火，小火，大火，小火……我熟练地按照"大厨师"钱振威的要求，把火候控制得十分到位。一阵又一阵的菜香味散发出来，惹得我们饥肠辘辘，垂涎三尺！

"开饭喽！"赵天卉一声令下，我们围坐到餐桌上。"唷！钱振威真是好手艺！色香味俱全呀！"来不及等大家动手，我以迅雷不及掩耳之势夹了一大块"番茄炒蛋"，又来了一只"红烧鸡翅"……哇！那味道……真是应了那句诗啊：此味只应天上有，人间哪得几回尝！

哈哈！哈哈！哈哈哈哈……

第一次和同学们一起体验了一把"小鬼当家"，感受当然不一般！野炊可不是简单的吃吃玩玩的娱乐活动噢！烧火、烹饪、端盘、洗碗，都是一门技艺。就拿烧火来说吧，想轻松掌握也不是一件容易的事，火大了容易烧焦，火小了半生不熟。烹饪就更难了，要想做出美味的菜肴，不下苦功学是不可能做到的。

真期待下一次快乐的野炊，我一定会表现得更出色！

长兴县实验小学五年级　周惟一

名师点评：

> 由学校组织的综合实践活动对孩子来说是兴奋的、快乐的、难忘的。小作者将自己难忘的一次野炊活动作为本次写作的内容，事情真实，情感细腻，文笔流畅，富有生活气息，读了让人仿佛看到了他们野炊时充满童真、生动有趣的画面。
>
> ——陈爱锋

"卖　菜　喽"

"卖菜喽！新鲜的丝瓜，新挖的土豆，鲜嫩欲滴的空心菜，应有尽有哦……"星期五下午，一个个特色蔬菜摊在学校一楼的广场边一字儿排开，每个摊子都被热心的顾客挤得水泄不通，吆喝声、讨价还价声，汇合成了一首欢快的充满生活情调的乐曲。

原来，刚从我们学生自己的农场里采摘下来的高品质新鲜蔬菜经过同学们的包装，正在销售呢。你们听，五(3)班的"天然菜园"前，大智、中智、小智三位小菜农正在推销他们的土豆，外号叫"大智"的喊得最起劲："卖土豆，新鲜的土豆，刚挖的土豆，不含任何化学添加剂，淀粉含量高，富含维生素ABCDEFG，大家快来买啦！"只见一群老师和家长闻声围了过来。谁知问了问价格,一袋土豆要十来块钱,不少顾客扭头就走了。但我们不气馁,一、二年级家长不捧场没关系,商机还在后头呢。看那边的菜摊,不仅广告打得响,还推出了"摸奖"的促销手段,看来每个班的小菜农们都是动了脑筋了。

这时,高年级学生放学的铃声响了。这些学生的家长汇成的人流像潮水一般涌进校园,我们这些小菜农们的生意顿时火爆起来。

"豆荚怎么卖?""三元钱一袋。""便宜点呀。""够便宜了,这是我们刚采摘的,是绿色纯天然,没有一点污染的,其他地方是买不到的。""那就五元钱两袋。""好,成交。阿姨您慢走。看看别的摊位上的菜。"

我拿着第一笔生意所得的钱,心里那个乐呀,没法用语言来形容。而买卖还在进行:"给我来袋土豆。""给我一捆小葱。""剩下的黄瓜我全包了。"一会儿工夫,我们班原来堆积如山的蔬菜就被他们一扫而空了。同学们心里甜滋滋的,老师脸上也笑开了花。

自己种菜自己卖,既学到了农业方面的知识,又学到了做买卖的本领。这样的活动太好了,虽然由于大声吆喝,我的嗓子沙哑了,但我还是觉得很开心。我觉得有付出才有收获,劳动才会快乐,种菜卖菜的经历给我留下了深刻的印象。

磐安县实验小学五年级 陈吴磐

名师点评:

本文取材于作者亲身经历的卖菜活动。学校新农体验营、少先队实践基地的蔬菜成熟了,为锻炼学生的实践能力,学校举行了一次蔬菜销售活动。这种经历在学生成长的路上,是会留下记忆的。小作者在活动中善于观察,用心感受。在写作中我手写我心,我心抒我情,写出了真情实感。文章语言虽朴实,但句句都是活动的真实体验,值得一读。

——蒋丽霞

一次掰手腕比赛

今天这节语文课,我们班同学特别高兴,因为老师说要在班里举行一次掰手腕比赛。而我更是异常兴奋,因为我很荣幸地成为三、四两大组男生的代表。为团队增光的时刻即将来临,我情不自禁地开始摩拳擦掌,跃跃欲试。

比赛开始了,我的对手是陈林杰。老师一声令下,我俩就进入了激烈的角逐。第一局，陈林杰先声夺人，还没等我把全身的力气汇集到右手，就发动了猛烈的攻势，毫无防备的我一下子蒙了，稀里糊涂地败下阵来。第二个回合，"吃一堑，长一智"，力气得到升级的我重整旗鼓。一上场，我抓住爆发的那一瞬间，以迅雷不及掩耳之势击溃了对手。

决胜局了，教室里的气氛变得紧张起来，到了一局定胜负的关键时刻。我俩都不敢大意，暗暗较劲，分析前两局的经验得失，回忆对方的弱点，制订最佳的"作战方案"，都希望一击制胜。"开始！"老师话音刚落，我俩的右手已紧紧纠缠在一起，你不让我我不让你地僵持着。我心想，我俩力气差不多，想胜出并非易事，必须比耐力，还要找准时机，抓住对方的薄弱环节来攻破。于是我又加紧了攻势与防守，不给对手留下任何破绽。当我俩的力气用得差不多的时候，陈林杰的手忽地抖动了一下。"好机会！"我在心里大喊。说时迟，那时快！瞬间，我把全身力气集中、提升、传输、放大、用力、爆发！要知道这可是我最后一击，如果被对方挡住了，那就再无招架之力了。我的手像铁钳一样，紧紧"夹"住对方的手，同时使出吃奶的劲儿往下压。我俩的脸都胀得像煮熟的虾一样红，同学们的加油声一阵阵传来，教室里的空气都快要沸腾了。时间似乎凝固了，一秒一秒地过去，我脑子里反复闪烁着两个字——必胜！必胜！目光死死盯住两个紧握在一起的拳头，五厘米，三厘米，两厘米，一厘米……"噢！小猪猪（我的昵称）胜利了！小猪猪胜利了！我们组赢了……"在同学们的欢呼声中，我成了冠军！此时的我，早已瘫软在椅背上，差不多连走路的力气都没有了，更别提欢呼了，但我的心里却像喝了蜜一样甜，幸福、自豪感油然而生。

这次比赛，不仅带给我成功的喜悦，还让我深受启发：在人生的道路上，有无数的对手在等着你。对手可能是别人，也可能是你自己。但一定要记住，你必须用尽全力击败他，因为只有这样，你才能成为生活的强者。

台州市椒江区白云小学五年级　朱忆杭

名师点评：

校园生活是丰富多彩的，它蕴含着智慧，给人以启迪。小作者描述的这场精彩的掰手腕比赛，既是一场体力的较量，又是一次心理素质的PK。相信自己，才能发挥潜能，战胜对手，战胜自我。这篇习作"胜"在小作者用心体验生活，对心理变化的观察细致入微，对于心理活动的刻画与描写生动传神，有效地凸显了人物自信好强的特点，同时也提升了文章的感染力。

——陈卫萍

蛇形路队

　　最让老师伤脑筋的事情，不是早读，也不是就餐，而是听上去很简单的一件事——排队走路。

　　说起路队，可那是趣事多多。老师再三强调，排队时一定要自觉啊，不要大声讲话啊……在老师面前，同学们都装出一副好学生的样子，听话地点点头，异口同声地喊："知道了！"但"江山易改，本性难移"，只要一离开老师的视线，我们便像离开笼子的鸟儿，把老师的交代都抛到九霄云外。

　　记得上次上体育课，去的时候，有老师在旁边监督，同学们整整齐齐、规规矩矩地排好队，队伍鸦雀无声。但是一到远离老师视线的楼梯处，大家都露出了自己"狰狞的面目"，开始叽叽喳喳地讲起话来，害得领队陈泉整不得不走几步就停下来望望后面的那些同学。但是大家不但不领情，反而更变本加厉了，讲得越来越起劲，声音大得让人想捂住耳朵。可以说，这的确有些过分。

　　走完楼梯，同学们开始脱离自己的队伍，忘我地互相打闹，互相追逐嬉戏，队伍变得稀稀拉拉、零零散散、乱七八糟。队伍也从原先的一字长阵变成了蛇形阵。谁看到这种情景，都会为领队的同学捏把汗。到了操场上，大家更自由了，领队陈泉整似乎也完成了一项重要任务，迫不及待地放下班牌，加入正在尽情疯玩的队列中。

　　当下课铃声响起时，更令人伤脑筋的时刻也来了。虽然领队高举班牌，大声呼喊，但同学们一个个意犹未尽，伴着大声喧哗，许多同学这边跑跑，那边闹闹，好不开心，谁都不愿错过最后的一分一秒，谁会理会领队的口令？

　　但快乐总是要付出代价的，不知道胡老师是怎么得知我们排队走路时大家吵吵闹闹这件事情的。她好好"夸奖"了我们一番，并且还给了我们一个大家都不愿领取的"大奖"：认认真真排队重走一遍。

　　重走时大家都安分了许多，但还是有几个同学依然小声谈笑，同学方可儿没事找茬，去拉前面同学的头发，然后又嫁祸于我。幸好有同学做证，才平息了我和她之间的一场口舌之战。不过，最后我们这次排队走路，总算还是过关了。

　　唉，排队走路，这本来是一件挺简单的事，可对我们小学生来说，其实并不简单，只要稍不留神，即使是原本整齐的队伍也会乱七八糟、东弯西散，例如我们班就会常常出现上面所说的这种情形，但不知别的学校是否也是这样呢？

义乌市绣湖小学五年级　蒋　艺

名师点评:

最让老师苦恼的路队也许就非小作者描写的蛇形路队莫属了！这个路队,是一条弯弯曲曲、不成章法的路队,它给老师带来了烦恼,但对那些天性好动的学生来说却从中感到了无尽的乐趣。此文在朴实的文字当中流露出了小作者的真情实感,写得很有意思。

——胡晓红

六年级

捕 螳 螂

螳螂在昆虫界也算是一个厉害的角色了:前肢呈锯齿状,常常耀武扬威地四处乱窜,小虫子一旦被它捕捉住,几乎不太有生还的可能。我小时候连小虫子都不敢碰,更别说去捉一只螳螂来玩玩了。现在仗着自己长大了几岁,就生出几分胆量,真的捕到了一只螳螂。

可是,至今想来还是有一点后怕的。那日我和姐姐、弟弟闲得无聊,就提议去田里捉几只蚱蜢玩玩。我们人手一只矿泉水瓶,踏着自信满满的步伐,兴致盎然地出发了。

一路上,我们就像一支雄赳赳气昂昂去作战的军队,满心期待着凯旋。不知怎么的,走到一半,我竟然缩手缩脚起来,虽然暗地里一直给自己打气,但就是不敢向田间迈进了。正在我的心如小鹿乱撞时,耳边忽然传来姐姐的一声尖叫,我顿时寒毛直竖,吓出一身冷汗,慌忙逃向远处。我和忙着找蚱蜢的弟弟抬起头来,呆呆地注视着惊慌失措的姐姐。要知道,姐姐可是抓蚱蜢高手,她是我们心中的"女中豪杰"啊,理应不该如此惊慌的。"螳螂呀!"我仗着身处安全地,望着在田间手足无措的姐姐,假装不屑地说:"姐,螳螂在叶子上呀,爬行速度又慢,你不要那么惊慌嘛!"姐姐装着毫不在乎的模样死撑面子,白我一眼:"情不自禁,情不自禁嘛。"本来这件事就算是过去了,可是弟弟就是不干,非要把这只螳螂捉到手,显现他这堂堂男儿的本色,央求道:"姐姐,好姐姐,就捉一只嘛。""不可能!"姐姐抢在我之前说了话。"我和可可都不想捉,你喜欢的话自己去捉一只来。"弟弟不高兴了,嘟着嘴,赖在那里不肯走。我们只好想办法。姐姐拿了一个装满水的瓶子来,一瞬间全部洒向螳螂。我和弟弟拿个空瓶子在一旁等着,想等螳螂自己钻进这个瓶子中,但不论怎么摆,螳螂就是不往我们这边爬,最后姐姐在我们的怂愿下,终于鼓足勇气用手将螳螂抓进了瓶子。我们直呼姐姐是"女中豪杰"。

虽然很不容易,但也总算捉住了这个田头霸王,我们欢呼雀跃得像三个获胜的大将军,一路飞奔回家。

杭州市保俶塔实验学校六年级　俞可涵

名师点评:

> "捕螳螂"一事虽然已成过去,但是读来仿佛仍在眼前浮现,这得益于小作者在习作中的语句描写十分生动,当时心情变化的细腻刻画和人物语言的真实描写。习作充分展现了"捕螳螂"一事中由自信满满到忐忑不安,由暗暗壮胆到慌张退缩,由强撑面子到欢呼雀跃的心理历程,童趣十足,让读者身临其境。
> ——周凌云

第一次封红包

一生中,我们会有许许多多的"第一次",第一次动手做饭,第一次为爸爸妈妈洗脚,第一次自己出远门,第一次出国旅游。一个个"第一次"就像一个个脚印,印在我们成长的道路上。

令我最难忘的"第一次"就发生在今年的春节。

以往过春节,都是大人们给我这个小孩封红包。可是,这一年来,大人们可比我这个小孩子要辛苦多了。于是,我突发奇想,想给一年到头辛辛苦苦为这个家服务的爷爷奶奶发个红包,以表心意。

我给爷爷奶奶发的红包一定要与众不同,里面不能是钱。不如就给爷爷奶奶写一封信吧。

我咬着笔,歪着脑袋思考着信的内容。这比我任何一次写作文的时候都要认真。想好了内容,我便提起笔刷刷刷写了起来,整整写了两大张纸,才停下笔来。

"奶奶,记得我生日的时候,您送了我一盒巧克力。我也想送一盒给您。配料:真诚＋关心＋爱护＋孝心。生产时间:龙年。保质期:一辈子。保存方法:好好珍惜。"

上面这段话,是我的肺腑之言。每个字,每一笔,每一画,都饱含着我对爷爷奶奶的爱。写完后,我将信交给了爷爷。且再三叮嘱爷爷,一定要和奶奶一起打开来看。

爷爷把信拿进了里屋。我悄悄把门打开一条小缝,看爷爷奶奶读完我的信会有什么反应。爷爷奶奶读完我的信,对视着笑了起来,脸上的皱纹,都成了一朵花儿。

奶奶将我的信小心翼翼地对折了一下,放进了一个精致的小盒子里。啊,我认得那个小盒子,里面放的是外祖母给奶奶的玉镯子。之后的几天里,爷爷奶奶逢人便夸我是个孝顺的好孩子。

这是我第一次给爷爷奶奶发红包,也是最难忘的一次。此后,我觉得自己长大了。我明白了,对于长辈们来说,孝心,便是赠给他们最好的红包。

浦江县实验小学六年级　常慧娴

名师点评:

> 选材独特,作者笔下的"第一次"不落俗套,没有写"学做饭""学骑车"……而是独辟蹊径,写了第一次给爷爷奶奶封红包的经过,从而巧妙地把浓浓的亲情、孝心融进了这独特的"第一次"。文章的细节感人,选取爷爷奶奶看信后的表现,"对视着笑""脸上的皱纹,都成了一朵花儿""小心翼翼地对折"……这诸多细节的描写凸显了祖父母对这独特红包的珍爱,以及对孙女孝心的珍视。
>
> ——张立亭

"师"路　花路

一年前的那天,在那个平凡而又特殊的日子里,我体味到了什么是洁身自好,什么是清正廉洁。

上午,第二节上课的铃声响了,班主任周老师笑呵呵地走了进来。哈,她满脸堆着笑,从未见过她如此开心,莫非捡到了啥喜蛋?"同学们,办公室的张老师可惨啦! 今天上午,收到一束鲜花……"

没等老师把话说完,同学们就来了劲。"老师,今天是教师节,我认为这是家长对老师的感谢。"黄宇航这张乌鸦嘴就是快。"嗨嗨,我么……我妈……妈也叫我捎一瓶香水给你,我却没……没带。"俞尚说话总是拖泥带水,可急死我们这些人。"同学们,先让我把早上的故事说完,可以吗?"教室里再也没有嚷嚷声了。

"今早,张老师给一位家长打电话,说是孩子昨晚作业没有完成,请家长务必多关注一下。结果不到一节课的时间,张老师就收到了那家长送的一束鲜花。这可把张老师急坏了,她一个劲地责备自己为什么那么傻,家长肯定误会了。办公室的老师都笑她,笑她偏偏在教师节告状,家长哪有不误会的？哈哈哈——"看她笑的，简直是"幸灾乐祸"了。

教室里又一次炸开了锅。"这位家长也真是的，把我们老师看成啥人呀！"李博气呼呼的，故意把"啥人"说得特别不一样，逗得大家前俯后仰。"前两天，我妈收到学校发来的'教师节不要给老师添麻烦'短信。"吕明边说边打量班主任周老师，"哼，叫他自己的孩子放学时带回去，看他怎么办。""是的，是的！"同学们也显得很不平静。

"对极了，她征求了老师们的意见，当时就给家长去了一个电话。说家长既是孩子的父母，又是孩子一辈子的老师，这教师节也属于家长，花，晚上请孩子带回。"教室里静极了，老师的眼眶里闪着晶莹的泪花，但还是尽量不让它滚下来。我知道，这泪花有着老师一份淡淡的伤感，也有着一份浓浓的幸福，更有一份深深的感谢——感谢我们这些孩子对老师们的十二分理解。

说真的，一路走过，在学生的心里，老师如同是天使一样纯洁，千万别玷污了他们；说真的，在学生的眼里，老师仿佛是朋友一般知心，千万别错怪了他们；说真的，在学生记忆里，老师犹如任劳任怨的老黄牛，每天都是默默无闻，兢兢业业。

说真的，走过的六年，在老师一声声无私的教诲、一次次亲切的鼓励、一个个欣慰的微笑中，我懂得了什么叫拼搏，什么叫执着；走过的六年，在与老师共同度过的两千多个日子里，我懂得了什么叫奉献，什么叫敬业。我深知，一束美丽的鲜花，怎能玷污老师那高尚与纯洁？

永康市大司巷小学六年级　梁艺之

名师点评：

这是一个真实的故事，小作者如实地写下了她的所见所闻。此文曾获金华市廉政进校园征文比赛一等奖。在常人的眼里，在这特殊的日子里，家长给老师一束鲜花略表敬意，也未尝不可。但在此习作中，小作者通过记叙老师不收鲜花的事，表达了自己深爱老师的思想感情。

——姚爱芳

剪　刘　海

我从小就有一头笔直的、乌黑发亮的头发，小伙伴们都很羡慕我，我也因此特别爱护我的头发，特别是额前的那一片刘海，总也舍不得剪掉。

记得有一天，爸爸、妈妈破天荒主动请我吃肯德基，我有点"受宠若惊"，仿佛我的头顶挂起了一道美丽的彩虹。

一阵"狼吞虎咽"之后,我才好奇地问爸爸、妈妈。"爸爸、妈妈,你们今天怎么这么好,请我吃肯德基?"只见爸爸给妈妈使了一个眼色,妈妈立马笑着对我说:"昕仪,爸爸妈妈对你这么好,那等一下你要答应我们一件事,好吗?"

我毫不犹豫地答应了。

"吃完去剪你的刘海。"妈妈趁热打铁。"不剪!"我的态度来了180度大转弯。

"刚刚还好好的,怎么耍赖啊?我看你的刘海已经很长了,再不剪,就要盖住你漂亮的大眼睛了。"妈妈耐心地对我说。

我头上的彩虹顷刻间消失得无影无踪,一下子乌云密布,我的心情糟透了,再吃肯德基也无味了。

我悻悻地跟在爸爸妈妈的后面向理发店走去。

一个理发师满脸堆笑地向我们迎来。我分明看出了他的"笑里藏刀"。还没坐到椅子上,我脊梁骨就开始"嗖嗖"发凉。我开始东躲西藏,在撞翻了几把椅子之后,还是被爸爸妈妈捉住了。爸爸按我脚,妈妈按我手,我无奈地成了他们手中的"瓮中之鳖",只好任他们宰割。我紧闭双眼,再也不想看理发师那"凶煞"的脸。他先在我的刘海上喷了一些水,然后便听到一阵"沙沙沙"的声音。想着我美丽的头发被"无情"地剪掉,泪水从紧闭的眼中无声地流了下来。

经过"漫长"的煎熬,头发终于剪好了。我一睁开眼睛,首先狠狠地瞪了一眼理发师。再看镜中的自己,刘海已被剪到了眉毛上端,活像个"西瓜太郎"。我终究没忍住,"扑哧"笑了出来。挂满泪珠的脸竟也笑开了一朵花。

童年是一个美丽的万花筒,里面的故事丰富多彩,不管岁月如何流逝,它也会永远刻在我们的记忆深处,因为童年的故事最真、最纯、最美!

余姚市实验小学白云校区六年级　韩昕仪

名师点评:

这篇作文,通过人物对话推进事情的发展,文中人物的语言、动作、心理的描写生动传神,真实地再现了剪刘海前、剪刘海时、剪刘海后的种种心理。剪刘海时理发师"笑里藏刀"以及一脸"凶煞","我"呢,东躲西藏,爸爸按"我"脚,妈妈按"我"手,这一系列的描写将儿童的天性表现得淋漓尽致、妙趣横生,读后给人留下深刻的印象。

——王亚芬

元 宵 看 戏

我爱过节,因为我这人天生爱热闹。于是我希望天天都是节日。可是,除夕、春节一眨眼就过去了。

幸运的是,我们这一带对元宵节也是格外地看重。往年,每到元宵晚上,镇政府都要组织提灯晚会,老老小小都格外开心。我们拿着自己做的各色灯笼,跟着大部队出发。场面非常壮观,处处张灯结彩,整条街好像办喜事,红火而美丽。可惜今年天公不作美,老是下雨,灯会就变成了看戏。这可乐坏了我们这些孩子。因为我们可以趁机溜出去热闹热闹了。

离看戏还有一个小时左右,我就吵着要爸妈陪我去苗通剧院了,他们熬不过我的死缠烂打,只得答应了。老远我就看见剧院门口已布置一新,一条条长长的彩带、一个个红色的大灯笼挂满了整个剧院正面,令人眼花缭乱。有许多大人也早早地赶来了,大概是想趁着人多团聚之际,好好聊聊家常吧?瞧,那两位大婶,话儿就像打开的闸门似的,说个不停,再看看她们的脸上,个个都挂满了笑容;小孩子们一伙一伙的,围着舞台爬上爬下,敏捷得如同一只只猴子……

过了一会儿,锣鼓响起来了,道具摆出来了,可大家还照样说话的说话,跑动的跑动,乱糟糟的。只听得一声"娘娘驾到,王爷驾到!"台下一下子没了声息。晚上演的是越剧《王老虎抢亲》。"正月十五是元宵,人山人海闹盈盈。我与好友来打赌,男扮女装看花灯……"只见花旦甩着大袖,一边婉转地唱,一边轻轻移动莲花小步,让戏服的彩带、衣摆和袖子都飘然荡起,给人的感觉,好像她们的脚都离开地面了。我们这些小孩,看舞台上的人穿了戏服,扮了戏相,一开始觉得很新鲜,可时间一长,我们就不想看了,偷偷地爬到台上边沿处,时不时拿眼睛看看台下,看一下灯光处攒动的人头:戏迷们在台下伸长脖子,好像有无形的手在前面向前拉着,他们的嘴也张着,脸上的肌肉和嘴角,随着台上剧情的变化,也不断地变化着,一下子紧张,一下子骂骂咧咧,一下子哈哈大笑……

卖零食的小贩可不管台上在演戏,他们只顾自己大声地喊,"橘子啰,苹果啰,还有糖啦,想吃的快来买哟!"我急忙挤过去,摸出热乎乎的几元硬币,买了小吃,再边看边吃,真是太爽了!那些老爷爷老奶奶,一边看戏还一边评论,争着说这个是什么戏里的什么人物,那个又是哪一出戏里的哪个人物,于是我也似乎听懂了些,看懂了些。我平时一到晚上八点半左右就想睡觉,这一夜竟撑到戏结束(十一点左右)才跟着大人回家。

今年的元宵节还有点意思,我盼着明年的元宵节也快点到来。

上虞市下管镇中心小学六年级　宣添佳

名师点评:

　　本文小作者能紧扣题目,围绕"元宵""看戏"有详有略地展开叙述。"一条条""一个个""横一条""竖一个"等词语,从数量、颜色等方面对场景进行了细致的描绘,具体生动地写出了家乡元宵节的热闹与喜庆。文中看戏部分则按看戏前、看戏时、看戏后的顺序写,也写得十分精彩,儿童味十足。读完此文,我们也好像置身于小作者家乡的元宵节中了。

——王华娟

"辈分"之烦恼

　　人的一生充满着喜怒哀乐,不可能一辈子无忧无虑,烦恼多多少少总是有的,更何况我们是成长中的青少年,大大小小的烦恼,更是多到一箩筐。这不,我最近有了个令人郁闷的烦恼……

　　不知什么时候,我们班刮起了一股认亲风,你叫我妈,我叫他爷爷。这可好,三姑六婆、七舅八婶都搬来了,就差太婆婆太爷爷坟上的一撮土了。这不,我也有了个与我同岁的"妈",比我还小的"姐",我们又搞不清楚辈分的关系,管你是侄女的爷爷也好,姐夫的爸爸也好,只要你愿意,叫你叔叔也无所谓;叫声"妈",那人点点头,或应声"哎";叫声"女儿"就更好了,也不用像桃园三结义那样烧个香拜个佛,更不用说滴血认亲。只要双方愿意,张口一个妈,闭口一个叔就这么叫开了。

　　我起先还好,无聊时叫声"妈""姐",也就图个乐子。平时见面基本上以名字称呼,可我"侄女"倒好,不管在大庭广众,还是陌生人群,不管你是高兴,还是不开心,总之,一见面,随之而来的,一定是一阵刺穿耳膜,高达八分贝,甜到腻,乖到令人寒战的叫声"小姨妈"!这还没有完呢,一个热情到令人起鸡皮疙瘩的拥抱随之降临,双手紧紧搂着你的脖子,叫人有一种被勒死在蜜罐里的感觉。每每接受这种"礼仪",我的心里总会有一种说不出的"囧"。开心时这么来一下,确实能增加些甜蜜。正如人们所说炒菜要控制好火候,而这热情也不能随意爆发呀!一过度,这"热"就变成一种置身火炉的感觉了!你恼火时,她也不知道察言观色,同样也会这么来一下。想发火吧,可毕竟是伙伴,总不能因为这个白白失去一个朋友!所以只能强忍着,推开她的手,默默走开,俗话说惹不起总躲得起吧。但她在大庭广众面前,还不知收敛,依旧一声高八度"小姨妈",知情的人当然一笑了之,而不知情的人,却用怪异的眼光盯着我,还奇怪地轻声说:"怎么这么小就当了姨妈!"我脸颊立刻发红发烫,心里千百个不好受,但我连解释的勇气都没有!只好逃之夭夭。

然而,第二天一见面,对方依然是一声甜腻腻的"尊称",多么烦人呀!没想到这当玩笑的乐子有一段时间竟成了我最大的烦恼。当然,我并不是完全讨厌这称呼,这毕竟能增进同学之间的感情,无聊时也算一个乐子。但这样的互相称呼我总觉得应区分时间、地点、场合,不能不分场合、不看时间地乱叫。

哦,同学间乱排的"辈分"呀!我希望它永远只是个乐子,而切不可成为我们的烦恼!

温岭市方城小学六年级　吴芊芊

名师点评:

> 真实是文章的生命。小作者很善于捕捉生活素材,文章从一个独特的角度选材,说出了伙伴之间的"辈分"称呼让自己感受到的快乐和苦恼。文章开头点出她与同学打趣的称呼是那么轻松快乐,接着抓住人物的言行及自己的心理活动,具体地描写了不顾时间、场合乱称呼所带来的尴尬、烦恼。文章的内容很有意思,写得也好有意思。
>
> ——林春娥

情态万千状物篇

关联教材　日积月累

四年级(上册)第四单元口语交际·写作:你一定也想说说自己喜欢的动物吧? 那就来试试。先说说自己最想说什么动物;可以讲它的外形、脾气,也可以讲它怎样进食、怎样嬉戏、怎样休息等。要具体写出动物的特点,表达自己的真情实感。

真题呈现　小试牛刀

题目:××,你真 _____

提示:(1)××可以是父母、兄弟姐妹,也可以是老师、同学,还可以是动植物。

(2)把题目补充完整,例如:哥哥,你真了不起　老师,你真理解我　小狗,你真是我的好朋友……

　　　　　　　　　　——五年级(下)金华市婺城区期末统考

编者提示:现在的作文题非常灵活,也非常综合,学生往往可以选择自己擅长的那一类。比如这题,如果选了动植物,就可以当成状物文章来写啦。

点滴技法　友情快递

1.状物要做到客观、准确,是什么,就是什么,像什么,就写成像什么,不可走样、编造。

2.状物时注意抓住特征,突出重点,有主有次,该详则详,该略则略。

3.状物时注意描述的顺序,或从整体到局部,或从局部到整体,或由外到内,或由内到外……循序描述,不可东拉西扯、颠三倒四。

4.状物时注意合理想象,想象能使静的有动感,能使抽象的变成具体的、形象的。这样的文章才有趣味。

5.状动物,可抓住动物的外貌特征、生活习性等方面,分几部分去写。

6.状静物,可从物体的大小、形状、颜色、质地、用途等方面逐一去写。

7.状植物,可通过植物的种类、形态以及各部分的特征和状态等方面去写。

三年级

凌波仙子——水仙

　　水仙花真不愧是"凌波仙子"。

　　那天，我在花鸟市场遇到了它——挺立在浅浅的水中的水仙。那圆鼓鼓的大肚子，活像一个白胖白胖的小娃娃，头上那一簇绿色的小芽，活像是扎在娃娃头上的"冲天辫"。而且越看，越觉得那白白的花根是白玉石雕成的，连细细的纹路都雕出来了。我也真的是越看越觉得喜欢。我如获至宝地捧起它端详。我决定买下它，看看水仙到底是怎么开花的。

　　回到家里，我马上找了一个水盘把水仙放进去，并倒上清水。过了几天，水仙花花根上面的"冲天辫"变成了叶子，自由地舒展开了，而且绿得那么新鲜，微风一过，它们就轻轻摇一摇。我对它们呵一口气，它们也会摇一摇，我似乎能听见它们的欢笑。这不起眼的水仙呀给我们家带来了快乐。有客人来，客人看到这水仙，总会说："哟，你家的水仙真漂亮！"

　　慢慢地，几个星期过去了，原来簇在一起的叶子似乎更绿，更挺拔了。这些叶子长长的，舒展着，抖擞着精神，慢慢地，水仙的叶子中间长出了一根花竿，顶上探出几个嫩嫩的小花蕾。啊，我知道水仙一定是快要开花了。我高兴极了，焦急地等待着第一朵小花的开放。

　　几天以后，水仙花终于开花了。看啊，那细腻的花瓣薄薄的，雪白雪白；花瓣托着花蕊，花蕊是粉黄的，是一种太阳光的颜色。多么娇嫩，让人舍不得碰一碰。随后的几天，水仙花一朵又一朵绽放。一簇簇，一丛丛，三三两两聚满了枝头。最后，整个绿油油的叶子上满是雪白嫩黄的花儿。一眼看去，真像是一位"凌波仙子"。

　　我喜欢这位"凌波仙子"，我爱水仙花。

乐清市建设路小学三年级　李　晨

名师点评：

> 　　本文写水仙，从买花到水仙长叶子，到开花，整个过程写得流畅生动，处处洋溢着小作者与花儿为伴的快乐。这说明习作不仅要学会细细地描写，更要有自己的真实体验、真情实感。另外，小作者的语言很丰富，水仙生长过程中不同的阶段、不同的特点，能用恰当有趣的比喻、拟人等手法。从这篇习作中，我们看到了童年的那一份率真和细致。
>
> 　　　　　　　　　　　　　　　　　　　　　——赵惠文

小　白

　　真好！妈妈给我买了一只小兔子！我喜出望外，一连兴奋了好几天呢！小兔浑身上下雪白雪白的，我就叫它"小白"。

　　一起床，我马上跑到厨房，挑了一片鲜嫩的大白菜叶子，用纸巾吸干上面的水渍，直奔小白的"住处"。小白一见我来了，就提起前腿，伸长脖子，好像在说："啊，小主人，你终于来了，我好饿啊！"于是，我打开笼子的门，把菜叶一片一片撕下来，塞进笼子里。小白一见菜叶就毫不客气地大口大口吃了起来。

　　小白很聪明。有一次，我在做作业，突然感觉脚下有一团毛茸茸的东西，仔细一看，原来是小白。我很奇怪，它是怎么跑出来的？于是，我小心翼翼地揪起小白把它放回笼子里，然后躲到角落里，窥视小白的一举一动。过了一会儿，它开始用嘴反复试探笼子的门。忽然，它用嘴使劲拱起这门，趁机一骨碌钻出笼子，然后，一蹦一跳地跑到地板上。我赶紧过去抓它，它却跑到角落里，缩成一团，那无助的眼神好像在恳求我："小主人，我好想在外面散散步呀！"我见它这个样子，没有去抓它，它在客厅的地板上蹦蹦跳跳，玩了一个上午。

　　我的小白，说它胆子大吧，好像确实很大。你看，它活动范围越来越广：跑到阳台上晒太阳，蹦进客厅里溜达，钻在餐厅里玩耍。你说它胆小吧，好像是很小。比如，它一听到楼下那"轰隆隆、轰隆隆"的电钻声，马上就会吓得躲起来，或者寸步不离地跟随奶奶。奶奶做饭，它跳上小板凳，端端正正地坐在那里，就像一个听话的小学生；奶奶收衣服，它也拼命往阳台上挤。你要说它淘气，也没错。你瞧，它有时钻到角落里，让你半天找不到它；有时故意碰翻瓶瓶罐罐，让人哭笑不得。你说它乖巧吧，它偶尔也犯些小错误。

如一不留神,它会跳进奶奶的菜篮子里撒尿,气得奶奶抬起脚想踩它,可它却跑到奶奶的脚下不时蹭奶奶的裤管,俨然一个做错事的孩子,这样,奶奶高高抬起的脚又轻轻地落下,舍不得去碰它了。

这就是我家的小白,一只人见人爱的小兔子。

临海市大洋小学三年级　钱　萱

名师点评:

> 本文开篇就写了小作者有小白后的欣喜,以及自己是怎样精心喂食和给小白自由的活动天地的,由此充分反映了小作者对小白的那份纯真的喜爱之情。文章着重凸显小白兔的灵性与可爱的特点,如为了自由用智慧逃出兔笼,做错了事还会撒娇,等等。总之,全文层次清晰,描写细腻,又不落俗套,富有童真童趣。
>
> ——奚海燕

可爱的蚂蚁

听妈妈说,蚂蚁可团结了,我想做个实验。

一天,我把蜂蜜倒在了蚂蚁洞旁边的树叶上。我想:要是蚂蚁被粘住了,会发生什么呢?这时有两只蚂蚁来到蜂蜜边,转了一圈又一圈,接着一大群蚂蚁浩浩荡荡地向蜂蜜爬来。到了蜂蜜旁,一只勇敢的小蚂蚁爬到了蜂蜜上。它该不会去独享美食吧?我心里想。我的眼睛睁得圆圆的,紧紧地盯着那里,密切关注着周围的一切。没想到那只蚂蚁被蜂蜜粘住了,它的六条腿不停地乱蹦。就在这时,一只大蚂蚁从蚁群中挤到了它的身边,它用腿试了试蜂蜜,发现很黏。于是,它就退到了蜂蜜的旁边。这时又来了三只蚂蚁围着它,它们用触角互相碰碰,好像在商量如何施救。

过了一会儿,只见一只冒冒失失的蚂蚁想也没想就爬到了蜂蜜上,想把那只蚂蚁拉下来,结果自己也被粘住了。聚集在蜂蜜旁的蚂蚁越来越多,第一只粘在上面的蚂蚁已经筋疲力尽了。

就在这时,另一只蚂蚁举着和它身体一样粗细,长约它身体5~6倍的木棍,兴冲冲地向蜂蜜爬去。我想,它是不是准备用木棍搭桥,救那只蚂蚁呢?于是,我屏住呼吸,一动不动地盯着它看。结果看到这只蚂蚁在往树叶上爬的时候,木棍没抓紧,掉下来了,这只蚂蚁的特别营救也失败了。

又过了一会儿,又有几只蚂蚁搬来碎树叶,并把它铺在了蜂蜜的边缘上,然后几只蚂蚁用触角试了试,发现不黏,才放心地爬到了树叶上。这时,我紧张的心情才轻松了许多。心想,这次它们大概会成功了吧？只见它们把触角伸得老长,可还是碰不到那两只蚂蚁。

然而,它们没有放弃。只见那四只蚂蚁还在那里触角对着触角。后来有一只蚂蚁爬到铺好的树叶上,一只蚂蚁围在蜂蜜边上,局势十分紧张,好像有什么重大的事情要发生一样。过了好一阵子,树叶突然翻过来了。我大吃一惊,只见蜂蜜已经流到了地上。我轻轻地揭开树叶,发现原来被蜂蜜粘住的那两只蚂蚁得救了！蜂蜜周围里三层外三层地围满了蚂蚁,好像在开庆功会呢。

我被眼前的景象感动了。蚂蚁不独享美食,同伴遇到危险,能这样竭尽全力施救,这种团结互助的精神真令人钦佩。

宁波市江北区实验小学三年级　江一杭

名师点评：

> 本篇状物文章是小作者对一次实验的真实记录。他用生动的语言,细致地描写了蚂蚁如何一步步施救被蜂蜜粘住的同伴。施救过程一波三折,扣人心弦,让读者的心也随着情节的变化而跌宕起伏。读完文章,情不自禁为蚂蚁的团结友爱而喝彩,多可爱的小生灵。
>
> ——徐婷娥

奇特的蜗牛

学校后花园的花坛里,草长得密密层层。忽然,我看见草茎上有一只蜗牛正在悠闲地漫步。我喜出望外,小心翼翼把它捧回了教室,用放大镜仔细地观察起来。

蜗牛的头和身子连在一起,头上长着一前一后两对细细长长的触角,每根触角远没有龙须面粗,触角顶端长着圆圆的小眼睛。蜗牛对外界的刺激很敏感,只要你轻轻碰它的眼睛,它就会很快把眼睛缩回去。

两根短触角下面长着的是蜗牛的嘴,和针尖差不多,只有用放大镜才能看得清。蜗牛是世界上牙齿最多的动物,有几颗却数不清,我去查资料,天,有25600多颗牙齿！舌头是锯齿状的,科学家称之为"齿舌",蜗牛吃东西时就是用这把"小锉板"把植物的叶子磨碎,再一点一点吞下去的。

更奇特的是它背上有一个做工精致的"小房子",上面有螺旋的条纹,条纹是往右旋的。它的身体呈半透明状,摸上去软软的,会分泌一种黏液,于是它爬过的东西上面都会留下黏液,黏液让小蜗牛行动自如,在哪儿都可以爬,甚至在刀刃上。

我给蜗牛准备了一些菜叶,想看看蜗牛是怎么吃东西的。它似乎一点也不饿,连瞅都不瞅一眼就慢腾腾地走开了。它是不是只在黑暗中吃东西?于是,我把蜗牛连同菜叶挪到阴暗处。

过了好一会儿,蜗牛才慢腾腾地把头伸到菜叶的边缘,头一点一点的。我隐隐约约看见蜗牛啃出了一个小洞,我看蜗牛吃得这么慢,决定先去写作业。等我写完作业,一片菜叶被蜗牛一扫而空了!紧接着,我发现有一条黑乎乎的,呈条状的东西从蜗牛壳的一个小洞里钻出来,哈哈,蜗牛排粪便了。

哦,观察小蜗牛原来是一件这么有趣的事,让我了解到这么多科学知识。我相信只要我们留心观察,许多未解之谜肯定能被我们揭开。

对了,我已把小蜗牛送回家了。

衢州市柯城区大成小学三年级　刘　畅

名师点评:

> 读着文章,我感觉小作者观察小蜗牛是那么认真有趣:握着放大镜,提供些菜叶,歪着小脑袋,看哪看啊……写起来也幽默生动,如用比较的方法介绍触角,远没有龙须面粗;用打比方的方法介绍蜗牛的壳,是幢"小房子";用列数字的方法介绍牙齿,有 25600 多颗。说小房子是"做工精致"的,说粪便是"钻"出来的,字里行间流露出小作者对小蜗牛的喜爱之情。文章写得真是具体、细致、生动。　　——方伟萍

我家的"巡逻兵"

你一定看到过巡逻兵吧?告诉你,我家也有一个调皮的"巡逻兵"。它呀,就是我家的一只老鳖。它的头总会一伸一缩,嘴巴尖尖的,身后有条小尾巴,全身还穿着硬硬的铠甲。它的耳朵可灵敏啦,一听到响声,就会纹丝不动地趴在原地,装作一副很老实的样子。其实它很调皮,总爱趁夜深人静的时候,溜出来到处走走,好像是巡逻兵外出巡逻。

一天深夜,它又出来巡逻了。我在睡梦中隐隐约约听到窸窸窣窣的声音。"是什么呀?"我迷迷糊糊地说。妈妈翻身起床,去探个究竟。过了一会儿,妈妈惊呼:"是我们家的老鳖出动了!"啊!老鳖竟然巡逻到我的床头,是

想和我一起睡觉吗？太有意思了！这令我一下子睡意全消。我揉揉眼睛，赶紧坐了起来。只见妈妈一会儿按它的背，一会儿揪它的小尾巴，一会儿又用手快速地碰碰它的嘴。我好奇地问："妈妈，你这是干什么呢？""我怕它咬我，所以试探试探。"妈妈说。我说："你可以用塑料袋抓呀！""咦，我怎么没想到呢！看来还是我女儿聪明。"这下，妈妈轻而易举地就把它给套起来了。我对着袋子说："哈哈，你这个尽职的'巡逻兵'，现在没辙了吧？"

早晨，爸爸把它放进大盆里，这回它该爬不出来了吧？不过，你瞧，它还是很有心计，一有动静，它又一动不动了。其实，只要我们一离开，它又会出来舒展筋骨：探探头、伸伸四肢、缩缩尾巴……到时候也可能再出来巡逻巡逻。

哈哈，这位"巡逻兵"，我喜欢它。

兰溪市兰江小学三年级　周婧暄

名师点评：

> 读本文犹如一缕清风迎面扑来，清新、真实、纯真、有趣。小作者把鳖看作"巡逻兵"，想象是多么独到、奇特。文章通过鳖夜间无意闯入小作者的房间，最后被母女俩捉住，整个过程写得具体、精彩，孩子对鳖的喜爱之情溢于言表。对小学三年级学生来说，能写出这样的状物文章，确实应当大声喝彩。
>
> ——王娟

可爱的 QQ 狗

　　我家有一只可爱的小狗，每到周末与节假日，它就是我形影不离的好朋友。因为它体态圆滚滚的，特像个"Q"字，所以，我给它取了个名字叫"QQ726"，刚好和我的生日7月26日相对应。我很喜欢它。

　　乍一看，小狗的头圆溜溜的，浑身长着雪白油亮的长毛，滑滑的，像搽了油一般，又像穿了一件洁白的小天鹅裙，非常可爱。再仔细一看，长毛中若隐若现地嵌着一双炯炯有神的大眼睛，像两颗光彩照人的黑玛瑙。那小小的黑鼻子，像一颗黑钻石般点缀在白毛之中。头顶上的一对大耳朵，只要一听到动静，就会竖得老高老高的。还有它身后那条细长的尾巴也不能小看喔，看见熟悉的人就会摇个不停。它的四条腿好像特别短，走起路来一扭一晃的，那滑稽样就像在走模特步。

　　小狗很乖，每次我带它到小区的公园去散步，都要经过一个安静的地下停车场。我伸出手放在唇边"嘘"了一声，示意它不要打破这里的宁静，它居然不懂装懂地点点头，我在心里感到又惊讶又开心。它每次都会安静地走过停车场，管理员叔叔也说它很乖，我很为它感到自豪。

小狗还是一个出色的舞蹈家呢！记得有一天，我刚回到家，它就跑过来，两只脚站立起来转圈，好像在欢迎我回家。然后它马上跑到我的房间，用它的大嘴巴把我的拖鞋衔过来了。我开心地说："QQ726，我们来跳舞好吗？"它马上用前爪拉拉我的裤脚，好像说："好啊！快点快点！"于是，我弯下腰用手轻轻拉起它的两只前脚，然后教给它几个动作。刚开始小狗好像不适应，常常仰倒在地上，尤其是做单脚跳的时候，我一放手，它就一屁股蹲在地上了，引得我们哈哈大笑。经过几次训练，它居然学会了单脚转圈、双脚踢踏跳、双脚站立拍手等一系列高难度动作。现在我听音乐的时候，它就会跑过来翩翩起舞，不知道的人还以为它是在跳《天鹅湖》呢！

QQ726真是只可爱、机灵、有趣的小狗，我爱这个通人性的小家伙！

缙云县实验小学三年级　李家逸

名师点评：

这篇作文字里行间充满童真童趣，你看这些语言："我给它取了个名字叫'QQ726'，刚好和我的生日7月26日相对应。""我伸出手放在唇边'嘘'了一声，示意它不要打破这里的宁静，它居然不懂装懂地点点头……"作者天真无邪的性格以及对小狗的喜爱之情跃然纸上。读完此文，你一定会被作者细致的观察、生动的描述及清新的语言所折服。

——应秀芳

四年级

洛　桃

家里来了一个新成员，自从它进我家门的那一刻起，我就想：我一定不能亏待它，我给它取了个挺洋气的名字，叫洛桃。洛桃小耳朵，小尾巴，水汪汪的小眼睛，粉色的小爪子。一身黄色的绒毛，摸上去极为舒服。

洛桃可臭美了。虽然它从不要求照镜子，不闹着要扎蝴蝶结，可是它的臭美是显而易见的。我举个例子吧！它每天都要去它的浴房洗两三次澡，每次一洗就是七八分钟。要是它觉得给它倒的洗澡粉少了些，就会特别不满地"吱吱吱吱"叫个没完，以此向我抗议，每回我都只能满足它的无理要求。见目的达到了,洛桃就快乐地在洗澡粉里打滚,用小爪子这里挠挠,那儿挠挠,真是太爱干净了。它特别注意自身的形象,洗完了澡,每回都不忘用小爪子将毛发梳理整齐,将身上的洗澡粉抖落干净,然后才回卧室休息。每次洛桃洗澡,我都得小心在旁伺候着,要不然它会没完没了地洗,我估计不洗上半个小时是不会罢休的。要是如此我家的地板可遭了殃,到处都是洗澡粉。

洛桃可贪吃了。自从我上回心血来潮给它吃过米后,它老想吃米,我就在它的小碗里放下三粒米,可人家嫌不够;那就给五粒米吧,还是不够;唉,那就十粒吧,每次它都要将自己的肚子吃得滚圆,就像装了小汤圆似的。可回过头它又继续啃起了藏起来的花生了。洛桃虽然贪吃,可从不挑食。什么花生啦,玉米片啦,米啦,栗子啦,都是它的好食物,这样我倒是省心了不少。

日子久了,它和我熟了,每当我放学回家叫它,它似乎知道在叫它,无论它在忙什么总会停止,侧耳细听,然后竖起身子迎接我,看来倒是没有白养它。

哦,忘了告诉你啦,洛桃是我养的小仓鼠。

江山市江山实验小学四年级　朱佳涵

名师点评:

> 这篇文章条理清晰,小作者从仓鼠的外形、仓鼠洗澡、仓鼠贪吃等几个方面,描述了一只有趣、可爱的仓鼠。本文语言幽默风趣,如"从不要求照镜子,不闹着要扎蝴蝶结""注意自身的形象"……极富情趣。因为倾注了真情,本来无情的动物被小作者描写得富有了人情味,让人如见其形,如闻其声,字里行间流露着小作者对小生命的喜爱、对生活的热爱。
>
> ——郑惠芬

垃圾鱼

最近,我们家添了两位新成员,它们就是垃圾鱼。你别小瞧了,它们可享有"清洁工"的美誉哦!

垃圾鱼身子黑漆漆的,中间夹杂着白色的条纹,拖着一条长长的尾巴,样子可真稀奇古怪。

大家知道,大肥猪是够懒的,整天只知道吃了睡,睡了吃,不爱运动。可是在我看来,垃圾鱼的"懒"与大肥猪相比,有过之而无不及。垃圾鱼刚到新家,小的一条就牢牢地趴在了增氧器的壁上,另外一条则吸附在了假山的后壁。七条金鱼在鱼缸里游得"不亦乐乎",可对于垃圾鱼来说,在水里游仿佛跟它们无关似的。一直到第二天,垃圾鱼还是待在原地,一点儿都没有挪动,足足有二十四小时,我不得不佩服它们的定力了。

别看它们总是一动不动的,可一淘气起来,可就够你伤脑筋的,害得你好找。一次,我准备照看一下这两个小宠儿,可发现那条大的潜伏在鱼缸一角之外,那条小的怎么找就是找不到。我就不信找不到你!我一寸一寸地搜寻,发现可疑之处就拿起小渔网去触碰一下。搜过了鱼缸里的花花草草,还是没有它的影子。咦,这假山的小圆洞里怎么有一点儿突出来了呢,我用小渔网轻轻触碰了一下,突出来的那个小东西就摇了一下。这不是垃圾鱼的小尾巴吗?小家伙,原来你是躲到这儿来了。小小的身体夹在假山的缝隙里,不睁大眼睛仔细瞧,根本是看不出来的。

还有更绝的。一天,妈妈叫道:"邱之橙,大垃圾鱼不见了!""不可能,它又没有翅膀,总在鱼缸里呗。""可鱼缸里就是没有呀,你快来找找!"我和妈妈仔仔细细地在鱼缸里搜寻了好几遍,可就是没有它的一点儿踪迹。爸爸也加入了搜寻的队伍,无可奈何之下,爸爸只好把假山从鱼缸里拿出来,可是假山一周也没发现呀。爸爸正准备把假山底部一个洞里的小石子倒出来,猛然间听到里面有响动。爸爸竖起假山,用力地抖。小洞口总算露出了一点儿小尾巴。爸爸用两个手指捏住小尾巴,才把它从洞里拉了出来。"小家伙,还学会隐身了!"我骂道。

这两条垃圾鱼可真是又懒惰又淘气。

武义县实验小学四年级 邱之橙

名师点评:

> 小作者观察细致,把垃圾鱼的"惰性"和"爱潜伏"两个特点鲜活地展现在了我们眼前。在小作者的笔下,垃圾鱼虽"名声"不好,却也显得那么有趣可爱。文章描写笔触细腻、幽默风趣。在写法上,先抑后扬,嗔中含娇。细品其味,深含着的是对小动物的无限喜爱。
>
> ——章美英

野 猫

我家附近有几只野猫。我很讨厌它们,因为它们老是没完没了地叫,由前面喵喵到后面喵喵,又由后面喵喵到前面喵喵,一副"猫老爷"的样子。更可气的是,它们这样叫没有一点理由,真是一群无病呻吟的猫。

这不但是一群无病呻吟的猫,更是一群拼命炫耀的野猫。只要它们中的哪一只找到了一只塑料袋、一块橘子皮,或者是一片树叶,它就会像捡着什么宝贝似的,呼唤同伴。有时,周边的人们也要被它们吵得不耐烦,纷纷出来看看是不是野猫偷了自家的鸡食。它们这样乱叫,好像非把这事传遍天下不可!

它们永远不反对吃,整天躲在垃圾堆里寻找食物。况且每户人家门前都有摆放垃圾的地方,这样一来,寻找食物的来源就多了起来。有一次,我把一个已经过期的蛋糕扔进垃圾堆,不一会儿,几只野猫就闻香而来,你争我夺,不一会儿就把整个蛋糕吃得一干二净。再等到狗去找吃的时候,只留下一只干干净净的蛋糕盘子啦!所以,我绝对不会把吃剩的东西白白扔了。我会把剩菜剩饭放在家门口,没过多久,准会有饥饿的野猫们争先恐后地赶来,把这些"美味"吃了。这样,我们可以吃饱,连猫也可以填饱肚子,真是一举两得。

搞恶作剧也是它们的拿手好戏。暑假里,我正在专注地写作业,忽然门"哐哐哐"地响了,我想:谁呀?真是笨哪,没见着有门铃吗?我不大情愿地开了门,可迎接我的却只有一缕缕凉丝丝的风。我恼火了,是谁敲了门又跑开去,一定是调皮的小孩子在故意搞蛋吧?我关了门,又开始写作业。"咚咚咚",耳边又响起一串恼人的敲门声,我开了门,还是什么也没有,我不以为然,继续写我的作业。第三次敲门声响起,我轻手轻脚地来到门后,悄无声息地开了门。我终于发现了干坏事的原来是躲在草丛里的一群野猫。它们有的站着有的躺着,睁大眼睛幸灾乐祸地看着你,一副油腔滑调的样子。

现在,我不再讨厌野猫了,因为它们天真,它们可爱;它们贪吃,它们贪玩;它们虽讨厌,但又让人喜爱。

浦江县实验小学四年级　孙乙文

名师点评:

老舍笔下的猫性格古怪、温柔、贪玩,鲜活的形象入木三分。本文模仿老舍的《猫》的写作手法,把野猫骄傲、贪吃、调皮的形象刻画得栩栩如生。在模仿中出来的习作虽然新意不够,但是对野猫细致的观察,使野猫也变得可爱了。从开头对野猫的厌恶到最后的喜爱,中间情感的过渡变化自然,加上语言的明贬暗褒的使用,让文章在风趣中带了点幽默。

——倪式君

"来福"和它的孩子们

我的宝贝狗"来福"生了,它一下子就为我家添了六个新成员。

"来福"的儿女们可爱极了!我把它们分为两队——花狗队和黄狗队。花狗队三位成员的毛黑白相间,头上那一撮白色的毛像一块白头巾,背上的那一片黑毛又像是一块黑披肩。黄狗队的三位成员则都穿着统一的土黄色制服和白皮鞋,神气活现的。不管花狗还是黄狗,都长得胖嘟嘟的,憨态可掬。

这六个新成员的到来真让我忙得不可开交。首先得给它们取好听的名字吧!老大最胖,我叫它"阿胖"。老二是"黑花"。老三最讨人喜欢,叫"小可爱"。老四是个捣蛋鬼,我给它取名"小讨厌"。老五天生的乐天派,就叫它"乐乐"。最小的那位总是被"阿胖"欺负,我就叫它"小可怜"。

它们每天都在长大,每天都有很多有趣的事发生。

最让我头疼的事要算照顾小狗们的饮食了。它们狗数众多,狗妈妈的奶供应不上,我只好为它们另外准备牛奶。一开始我还特地买了奶瓶,可每当我拿着奶瓶靠近它们的时候,它们总是争先恐后,根本不排队。我不得不放弃了奶瓶,直接把牛奶倒在盘子里喂这些不懂事的小家伙。

每次总是这样,还没等我把牛奶倒好,这些心急的小家伙就一拥而上,摇头晃脑"喷、喷、喷"地吮吸起来。好几次,我的手都来不及抽走,被小狗们当成肉骨头舔了起来。它们你挤我推,一会儿这只小狗被挤了出来,一会儿那只小狗又被挤进了盘子,真叫人不胜其烦。唉,我真该让它们学学《三字经》,知道什么叫孔融让梨。就这样,个个吃完都成了"大花脸",它们有时甚至把盘子都掀个底朝天。可怜的我只得给它们收拾残局,这群活宝什么时候才能长大呀?

这时候的"来福"总是半眯着眼睛,安详地躺在沙发上,任由它的儿女嬉戏。有我在,它倒真的是没什么好担忧的……

安吉县递铺镇第三小学四年级　钟　意

名师点评:

> 狗狗"来福"很幸福,因为有钟意这样的小主人精心照顾;"来福"的宝宝们也很幸福,即使它们总是调皮捣蛋,也不会因此而受到斥责。爱动物,不仅仅在细致的照顾中,更体现在妙笔生花的笔触中。小作者在对狗儿们的外形、名字、吃相的描写中,细腻而又传神地描绘了人和动物之间的美好生活。
>
> ——沈安仙

楼下的枇杷树

　　我家楼下有一棵不太起眼的枇杷树,大约有碗口般粗,一层楼高。无论春、夏、秋、冬,它都是一片翠绿,像一把巨大的绿色天然雨伞。每当一阵风吹过,那绿绿的树叶就会唱起好听的歌:"沙——沙沙","沙——沙沙!"

　　而令我有一点失望的是:它从来没有结过金黄色的枇杷。但去年初冬时节,我惊奇地发现枇杷树开了小小的白花,站在树下还能闻到淡淡的清香。从楼上看去,那一簇簇一团团的小白花,害羞地藏在绿叶间。没想到到了今年春天,树上竟结出了一串串的小枇杷,这些小枇杷是青色的,青色的大衣外头还有一层细密的绒毛。

　　又过了几个月,这些小枇杷由原来的青色渐渐变成了金黄色,一点点成熟起来。那一串串黄澄澄的枇杷像一个个胖娃娃的脸蛋,真惹人喜爱。我一想到枇杷的美味,就挡不住诱惑,赶紧拿来竹竿,轻轻地往树上一敲,两串枇杷应声而落。我小心翼翼地剥开皮,一尝,啊! 又酸又涩,难吃极了!

　　这棵默默无闻的枇杷树,说不定是哪个人无意间扔了一颗枇杷核而生根发芽的。谁也没去管它,可枇杷树竟然有这么顽强的生命力,蓬勃地生长、开花、结果。

　　此时此刻,我对这棵枇杷树不仅仅是喜爱,更平添了一种敬佩的感情。因为虽然它的果实苦涩,没人关照,但它依然顽强地生长,该开花时开花,该结果时也结果了。

杭州市青蓝小学四年级　罗鸣谦

名师点评:

　　本文按时间顺序,描写了小区楼下的一棵不起眼的枇杷树。小作者通过记叙这棵枇杷树结的果实虽然不好吃,也没人关照,但依然顽强生长,赞美了一种自尊、自爱的精神。文章以自己的心情做主线贯穿全文,从失望到惊奇,再到敬佩,层层推进。特别是文章的最后几句,十分精彩,是全文的点睛之笔,给文章增色不少。　　——徐迎春

欢 喜 冤 家

我家有两只美丽聪慧的鸡，一只雄的，一只雌的，雄的叫"喳喳"，雌的叫"叽叽"。喳喳身材高大，非常英俊。红红的鸡冠像顶小红帽。眼睛亮亮的，显得有几分傲气。它全身披着火红似朝霞的羽毛，奔跑起来，就像一团火焰。叽叽穿着嫩黄色的外衣，小巧玲珑的身体，一双水汪汪的大眼睛，简直是一只国色天香的绝代佳"鸡"。喳喳可能前世是鸡王子，宫里美女多得如云，因此根本不把叽叽这只美"鸡"放在眼里，吃食时，他总是大摇大摆地走向食物，独享美餐，叽叽只能吃点残羹冷菜。叽叽要是不服，跟他抢，他就会满脸怒容，圆睁双目，竖起脖颈上的一圈毛，疾速奔跑着上去，追逐她，啄咬她，非把对方啄出血来，连声求饶才罢手。真是蛮不讲理！

有一次，叽叽不服气，跟喳喳打了起来，但叽叽因为营养不良，处于下风。我抓住喳喳，给叽叽倒了一大把粮食。叽叽狼吞虎咽地吃着，肚子都撑得快爆炸了。我把喳喳放下，喳喳气势汹汹地跑到叽叽跟前，似乎质问叽叽："粮食哪去了？"叽叽不屑一顾地望了望喳喳，挑衅地扇了几下翅膀，挺起了圆鼓鼓的肚皮，好像在说："都在这儿呢！"喳喳气不可耐，跟叽叽打起了架。喳喳没吃多少，体力不支，很快就处于下风。我一看，忙把他俩拉开，喂喳喳粮食。之后，他再也不敢欺负弱小的叽叽了。

有一天，我带他们出去散步。突然，喳喳发出了洪亮高亢的叫声，好像发现了什么宝贝似的。我走过去一看，原来，路旁的草丛中有一条又肥又大、又壮又长的大青虫。喳喳挑衅般地装作要吃青虫似的悬空乱啄一气，大青虫被吓得半死，扭动着胖乎乎的身体，想从鸡嘴逃生，但是，没跑多远就被喳喳用尖利的鸡嘴拦截住了。只见他叼着肥肥胖胖的大青虫，摇摇晃晃地小跑到叽叽面前，甩了甩头，将大青虫送到叽叽的嘴边："你看，多鲜肥的大青虫啊，你吃吧。"叽叽倒还客气，摇了摇头，向他表示感谢："谢谢你，我还不饿。"喳喳转了几下眼珠子，计上心来，将大青虫放在地上，用锋利的右爪抵住青虫的一头，用嘴咬住另一头，一用力，把青虫撕成两半。他们在青虫一命呜呼的哀叹声中友好分享了这顿野生的营养滋补大餐。

多么可爱的一对欢喜冤家！

天台县天台小学四年级　陈佳宁

名师点评：

> 作者观察得仔细，描写得生动。文章通过细致的外貌描写和生动的动作描写，表现了喳喳和叽叽的形体特征及其鲜明的个性特点——喳喳的霸道、凶猛，叽叽的可爱、善良，字里行间洋溢着作者对喳喳和叽叽的喜爱之情。文章采用拟人手法，富有情趣，把鸡的形象写得栩栩如生，呼之欲出。题目新颖，全文围绕着题目撷取材料，中心突出，让人印象深刻。结尾处点题，使文章结构更加完整。
> ——许亚平

五年级

蚕　儿

春天里，我们这些孩子最愿意忙活的事儿，便是养蚕。

蚕儿们爱吃桑叶。我家就有一棵桑树，现在已与二楼齐平了。一到四五月份，桑树就长得枝繁叶茂。翠色欲滴的桑叶密密层层。这让我满心喜悦，不为这绿色，而是为了我那些蚕儿。爸爸告诉我，这棵桑树是我三岁时种下的，就是为了我能养蚕儿。

每次我摘桑叶时都会精挑细选，专摘最嫩最绿的。妈妈说："蚕宝宝吃了有水的桑叶会拉肚子的。"所以，每次遇到下雨天，桑叶被淋湿了，我总会耐心地用绒布把水擦干再喂。

蚕儿吃了桑叶会排泄。每隔一天，我都会小心翼翼地把它们一只一只地转移到桌上。它们那么小，我不用劲抓不起来，一用劲又生怕它被我挤得不舒服，于是，我每每都要抓好几次才能成功。做完了"家务"，蚕儿们又住回了"家"里。只见它们一只只高昂着头，似乎在等待我给它们新鲜的食物呢！

在我的悉心照料下，蚕儿们越长越壮，越长越可爱了。我喜欢轻轻抚摸它们的背，就像妈妈晚上哄我入睡一样；我还喜欢把它们放在手心里，逗他们一起玩。

过不多久，蚕儿们开始各自待在角落里，不吃桑叶也不排泄。我知道，它们要结茧了！这时，我总会充满期待地守护它们，一有空便来与它们说说话。妈妈说，这时的我傻傻的。但我却不感觉傻，因为它们是我的"孩子"。

又过了几天，我的蚕儿们变身了。它们变成了一只只飞蛾从茧中钻出来了！产下卵，抖擞一下身子，便飞向湛蓝的天空。此时的我总会有些伤感——张晓风说："母子一场，只能看作一把借来的琴弦，能弹多久，便弹多久,但借来的岁月毕竟是有其归还期限的。"现在这番体验在我身上,感觉似乎特别真切。于是,当我为蚕儿们喜悦、不舍而情不自禁地流泪时,爸爸妈妈总会默默地陪着我。也总是在这种时刻,我会蓦然发现,在我身上竟然也有父母的影子。我想,我应该是爸爸妈妈的"蚕儿"。

蚕儿们最后还是走了,但我仍感欣慰——因为在这样美丽的时光中,我收获了童年,也收获了成长。

上虞市阳光学校五年级　金诗怡

名师点评:

> "养蚕"的确是很多孩子喜欢做的事,也是很多孩子经常用来作文的素材。而很多同学写养蚕,常常都是把养蚕的过程作为作文的重点和主题。这样,别人读了,最多也就是仅仅知道蚕是怎么养的。但这篇习作,小作者不仅用散文化的语言记述了养蚕的整个过程,而且写出了自己与蚕儿之间的情感,更由此联想到母子之间的情感,从而升华了主题。全文语言流畅,文章结尾意蕴深长。
>
> ——王铁青

Ⓧ　虾　记

对大龙虾,我是喜之,爱之,痴之,迷之。虽住城里,可我想养虾之念头,一日强似一日。

一天去爷爷家里,爷爷送我一只大龙虾。我真的是"喜极",就差"而泣"了。这只大龙虾披着有着金属光芒的盔甲,摆出一副不可一世的样子,还挥舞着两只大钳子,一边使劲用小爪子不停地抓地,同时还发出沙沙的声音,仿佛在说:"放开我,我不要待在这儿,放开我!放开我!"看见这些,我的倔脾气上来了,心想:哼,你别想走,我会打造一个五星之家,留住你的!到时候,说啥你也不会离开了!

于是,我动手把一个塑料做的大饮料瓶洗干净,再灌进一些清水,然后把大龙虾放了进去。为了能让大龙虾呼吸到新鲜的空气,我又在塑料瓶的一侧剪了一个洞,算作房间里的窗户。窗户不大不小,可以进出空气,但跑不了龙虾。自此以后,我每天都会给这只龙虾放几粒米饭,保证不让它饿着,我心想,大龙虾啊,我为你安排了这么清洁、舒适的家,这总比你原来待的那个臭水塘强吧?这下,你如果现在还想着你过去住过的臭水塘,那你就真的是一只呆头虾了。

但是，尽管我给它提供了舒适的居住环境、可口的美食，意外的事还是发生了……

一个星期后的一个晚上，半夜我被一阵奇怪的"沙——沙——"声惊醒，也没有多留意又睡着了。第二天早上，我起来看虾，啊，大龙虾不见了？最后，经过我们的"地毯式"搜寻，终于在我房间的一个塑料袋里找到了它，只见它头上顶着一团绒毛，被困在袋里进退两难。这时，我才恍然大悟，昨晚听到的"沙——沙——"声，原来是它在逃跑时发出的声音。

虽然大龙虾的逃跑行动以失败告终，但是它那种十分渴望自由的精神却深深地打动了我，震撼了我，于是我决定忍痛割爱，让它重新回到大自然中生活。

放虾回归自然，我选在一个下着雨的傍晚。当我把这位与我一起生活了一个多星期的朋友放回池塘的时候，我想起了不知谁说的这样一句话："爱它，就给它自由。"

三门县实验小学五年级　马楚韵

名师点评：

> 这篇文章看了会让人微笑，又会让人沉思，它会引起很多人的共鸣，因为很多人都有相似的经历，无论是大人还是小孩。
>
> 喜爱小动物，想养小动物，这是很多小孩子都会做的事，作者通过一波三折的叙事把它写出来很有看头，也真实地反映了小孩子的情感。文中的心理活动描写，非常生动，文笔老练又不失童趣，修辞手法的运用也比较到位，这些都是这篇习作的亮点。
>
> ——陈增菊

忘不了的老家臭豆腐

每次坐老爸的车回老家临海，在服务区小憩时，我都会看到服务区内卖绍兴臭豆腐的地方挤满了人。的确，绍兴臭豆腐名气很大，是一种很有特色的风味小吃，臭豆腐闻起来奇臭，吃起来奇香，所以，很多人都喜欢。可是对我来说，绍兴的臭豆腐比不过我老家临海的臭豆腐，我老家的臭豆腐才会让人垂涎欲滴，吃了还想吃，吃过忘不了！

我老家的臭豆腐小小个儿，四四方方。刚炸好时，满身金黄，外酥内嫩，极是好吃。在老家，每次我去买臭豆腐，都看到卖臭豆腐的奶奶手里拿着一个油勺，在油锅里很快浸一下，再拿起来抖一抖，晃一晃。再浸一浸，再抖一抖，晃一晃。这一抖一晃，臭豆腐的香味立马就飘散开来了，里面还带着一股烧焦的味道,这两种味道合起来,我觉得这简直是世界上最好闻的味道了。

过去,我总以为那个奶奶的锅有着至高无上的魔力,所以,只要她摇一摇,香味就会飘出来。同时,我还以为臭豆腐的制作很神秘,不然,怎么会闻着臭,吃着香呢?

我老家的臭豆腐,都是在家乡的小弄堂里炸,小弄堂里卖的。随着奶奶"臭豆腐好喽"这么一叫,我们这些孩子会一窝蜂地涌上去,把卖臭豆腐的奶奶团团围住。奶奶很慈祥,她总是笑着说:"哎,别急别急,一个个来,都会有的。"可我们不听,我们还是一个个拿着碗、伸着手,争先恐后地要奶奶先给自己,生怕迟了,自己会没有。而每次吃之前,我总是要闻一闻再吃,似乎要记住这个味道。

与绍兴臭豆腐比,我老家臭豆腐的调料似乎更多。常用的调料,有葱、糖醋、蒜泥、辣椒酱、花生酱、香菜末等等。我喜欢每种调料都放一点,少一种都不行。吃的时候轻轻一咬,只听见臭豆腐"啪"的一声,外面的皮被咬破了,白白嫩嫩的豆腐肉露了出来。这肉十分烫口,而我又不愿意把它吐出来,所以常常一边喊烫,一边巴不得立马把它吞下去。吃完后,咂咂嘴,酸酸甜甜的味道总还会留在嘴里很久很久。臭豆腐吃完了,臭豆腐的汤我也不肯放过,我会慢慢地喝,直到全部喝光……

啊,老家臭豆腐的味道真的太好了!我忘不了,忘不了老家临海的臭豆腐。这臭豆腐中有我童年的记忆,也蕴含着我对老家深深的留恋……

杭州市滨江区江南实验学校五年级　金书文

名师点评:

生活源于观察,作者关于"臭豆腐"的描述细致入微,感觉就在眼前。文章很好地写出了小作者老家临海臭豆腐的色、香、味,后半部分写吃臭豆腐的情景,也描述得十分逼真,给人印象深刻。

全文语言流畅,很有儿童情趣。而且首尾照应,结构上很有章法,堪称难得的佳作。

——张帆

龙虾斗

早晨,当我还在梦乡畅游的时候,忽然听到妈妈在楼下大喊:"泽泽,快起床,你的龙虾斗起来了。"一听见龙虾斗,我就来劲了,一个鲤鱼打挺,疯似的冲下楼,跑到我养龙虾的地方。

　　迎接我的是一场"惊天动地"的龙虾斗。我有两只龙虾，一大一小。大的叫"大大"，小的叫"小小"，都是我在"小河"战役中的战利品。小小身披红甲，使两大钳，一副虎头虎脑的样子，一看就是"初生牛犊"。大大身上伤痕累累，还少了一只钳，是个三等残疾！我站在龙虾缸前，大声说："大大小小，你们现在可以斗了，如果谁赢了，我就封谁做虾王。下午我还会去捉几只给你们当臣民。"我一副裁判员的口气。说完，我撩拨了一下缸中的小小。

　　只见小小先下手为强，挥舞着大钳，向大大冲去，一副拼命三郎的样子。大大毕竟是老江湖，经验丰富，它沉着应战，任凭小小怎么攻击，总是严防死守。等小小没力气时，大大才闪电出击，死命咬住了小小的尾巴。小小立马转过身去咬大大的脖子，大大连忙缩钳。小小得寸进尺，欺负大大残疾，用一只钳夹住大大的一只钳，用另一只钳去夹大大的脑袋，它想置对方于死地，好在大大眼疾手快，把头一偏，可一根须掉下来了。大大好像勃然大怒，于是把它那独钳使得虎虎生风，缸内不断发出"扑通扑通"的声音，水花四溅。面对大大的强攻猛打，小小快招架不住了。我怜惜小小，想去帮它，可惜我的手刚一伸下去，就被大大钳住了，我连忙拿出水面，使劲甩胳膊，可是不但没有甩掉，反而被钳得更紧了。我突然想起了什么，连忙又把手放到水下，它这才放钳。好痛哦，我想，我真不应该多管虾事。大大被我甩了几下后，似乎有点晕头转向了，这样，它便很快就被小小制服了。我想，这大概是"自古英雄出少虾"吧？虽然小小这次有点乘人之危的嫌疑，但我还是决定封小小做虾王。

　　下午，我又到河里去捉了几只龙虾。谁知第二天一早，妈妈又在楼下大叫，说是龙虾又斗上了。哇！昨天只有两只龙虾，那是单挑；今天有好几只，看来是群殴。这些龙虾呀，真是个个都是好斗之徒！

诸暨市荣怀学校五年级　顾城泽

名师点评：

　　这是一篇很有趣味性的状物文章。作者通过仔细入微的观察，形象生动地描写了两只龙虾精彩的打斗过程。在描述的过程中，小作者又穿插写进了自己的感受和想法，这样就使得文章更加生动，内容更加具体、丰满。文章中的许多说法诙谐、幽默，比如"如果谁赢了，我就封谁做虾王。下午我还会去捉几只给你们当臣民"等等。此外，文章的最后几句更是精彩，让此文增色不少。

——金铁红

六年级

竹　茶

　　茶叶的制造工序也许人人皆知,但竹茶的制作工序,就不一定知晓了。

　　今天,我随爸爸妈妈去一个小山庄露营。搭好了帐篷,见几个老奶奶背着装有茶叶的篓子去炒茶叶,我连忙赶去凑个热闹,想看看茶叶是怎么炒的。

　　还未踏入门槛,阵阵清香早已扑鼻而来。原来,奶奶们已经生起火,开始炒茶了。这几个奶奶做的是竹茶。刚好,我可以来亲眼瞧瞧了。

　　只见奶奶们戴着手套,将晾青过的茶叶装满铁锅,不停翻炒着。奶奶们炒茶的动作很熟练,双手像灵巧的燕子上下翻飞。过了一会儿,满满的一锅茶叶就变成了小半锅。这时,奶奶将茶叶取出,在竹子编的席子上揉捻起来。捻好了,就放进竹子编成的容器中烘烤。奶奶告诉我,要过一夜的烘烤,茶叶才真正做成。

　　竹茶的制作过程似乎十分普通,与一般的炒茶差不多。其实,里面的工艺却十分讲究。盛放竹茶的所有容器都是用竹条编成的,以保证竹茶竹味的纯正。

　　这样还不算完,制作茶叶当柴烧的竹子必须是新鲜的,粗不过 10 厘米,细不过 5 厘米。还得找好的竹子剖开,在中间塞上茶叶,放入另一个火堆中烤干水分。再等竹泪渗出,又消失,这才可以真正放入火堆中烧。这样,竹子烧制出来的竹茶才不仅能茶香四溢,还会带着一种淡淡的竹香。此外,烘茶的炭,也得用竹子烧制成的炭才成。

　　待过了一夜的烘干,竹茶是可以用了。但是,烹竹茶的水,也不可随意,烹竹茶的水要用竹露,所谓竹露,就是剖开新绿竹,从竹节内取出的水。这些水是雨露从外渗进竹管内的,因此用来烹竹茶自然是再合适、再美不过了。盛茶水的杯子,自然要用竹子做的。

　　等煮好了茶,竹茶清香的热气早已弥漫在空中。嫩茶青叶在水中曼妙舞动,光看着就让人口齿生津。抿一口这透着绿意的茶水,你会觉得满口甘甜,没了半点苦味。此时和着茶香,淡淡的青竹味道会飘至舌尖,而后渐渐蔓延开来,让人顿觉清冽透彻,爽及心脾。

　　对于竹茶的制作,烹用的方法和功效,我了解得还不多,上面这些只是我在一次偶遇中看到和听到的,真正要了解它,认识它,如果你有兴趣,还请你来竹茶的故乡——我们金东区的这个小山村来看一看,听一听。

　　　　　　　　　　　　　　　　金华市金东区实验小学六年级　龚静桐

名师点评：

家乡的青饼

　　家乡舟山的传统民风民俗有很多：立夏吃蛋，清明节做青饼，端午节吃粽子，重阳吃重阳糕，秋后做年糕，出海祭渔……我印象最深的是清明节做青饼。

　　青饼是江浙一带的特色糕饼，极富季节性，是以糯米和一种叫作"青"的植物为原料的。二三月间，春风一吹，仿佛只需要一夜时间，青就从田埂边、山坡上欣欣然冒了出来。清明前后，在春雨的滋润下，青同许多植物一样，长得越发鲜嫩。青的叶子形状像水芹菜，有着细短的白绒毛。这时候，你就可以在田间山脚发现穿着雨衣，提着篮子采摘青的妇女。（过了清明节，青就老了，不适宜做青饼了，那时，青就被叫作"艾草"了。）

　　把采摘来的青放进沸水中焯一下。立刻，青在水中变成了深沉的绿。把冒着热气的青在青石板上揉搓，再在清水中漂。反复几次，青的涩苦味便消失了。

　　青被切得碎碎的，和糯米粉搅拌在一起上屉蒸。等灶上发出糯米与青的香味，就可以出屉了。接着，把热气腾腾的青和糯米倒在捣臼里捣。两个人，一个捣，一个翻，你翻一下，我捣一下，我捣一下，你再翻一下，动作协调而有美感。在这一翻一捣之中，青米团变得绵糯而又有筋道。捣的人气喘吁吁，汗津津的。最后将捣好的青米团揶到桌上，撒上松花，再揉这个米团，直到一点不粘手为止，然后就揪一小团放到模具里，一压一拍，一个有型、有图的漂亮的青饼就做好了。

　　青饼可以煎、可以蒸、可以烙，吃的时候，如加上桂花、糖蜜，口感会更加软糯香甜。青饼吃的方法很多，我很喜欢青饼的独特味道。在舟山的青饼中，数金塘的青饼最有名，我在金塘的小姨父总是五斤五斤地买来给我们家。

　　我喜欢家乡的青饼，那味道真好。

　　　　　　　　　　　　　　　舟山市定海区舟嵊小学六年级　孙煜哲

名师点评：

> 小作者将家乡做青饼中的"摘、择——焯、搓——蒸、捣——压模、上印"这一过程，用凝练的文笔写得生动传神。读着读着，一个做青饼的场面就在脑海中浮现出来，散发着独特气味的青饼，也仿佛已经摆在眼前。小作者观察仔细，描写细腻，叙述有详有略，井然有序。虽然小作者在文中没有直白的表露，但透过青饼，我们十分清楚地感受到了小作者对自己家乡民风民俗的热爱。
>
> ——孙燕鸣

胜于黑白的一角

——记校园中的紫藤花

早晨，我从睡梦中醒来，周围的一切，朦胧不清，含糊不语。我照旧生活在这种不明事理的混沌之中。

走同样的路线，过同样的马路，生活没有一点新意。再次来到校园中这个再平常不过的拐角，猛然间，在小路前方，在远处的绿色丛中，一丝紫色滑过我的眼球，我怔住了，人群从身边涌过，而我，却似一尊木头人，只是傻立，不会思考。

我想，我果真被那丝紫色所迷惑。紫色虽浅，却胜过于天蓝与粉红，准确地说，应该是这两种颜色之结合。微风拂过我的脸颊，我不禁打了一个喷嚏，紫色的精灵似乎受惊了，在一瞬间藏入了绿色之中，我急忙跑去追寻……

人们惊奇地看着这个奔跑的女孩，却不知她在寻找属于她的色彩。我眼前的紫色愈来愈浓郁，这一大片紫将我团团围住，我仿佛置身在一片紫色的海洋。我这才看清了紫色精灵的真正面目——紫藤花。绿中带着紫，紫中夹杂着一丝绿，似乎完全融合，像被画家不小心打翻的颜料。绿是森林的色彩，紫是自然的恩赐，两者相融，怎么也看不出是温馨还是冷清了。

相比起来，人都说，黑白是主流的色彩，黑来自深邃的眼眸，深而望不见底；白来自天空中的白云，轻而不知身处何处。两者结合真是轻如浮云，重如泰山，平稳极了。

而这片拐角处的绿与紫，无论在色彩上，还是在气质上，已经完完全全把黑白比下去了。

一个宁静的学校，在幽静的小路中，一个女孩，抬头望着紫藤花与叶，突然传来了急促的铃声，女孩转身走了，只剩下绿色和紫色停留在空中……

玉环县环山小学六年级　罗兆恒

名师点评：

> 　　说起"经典搭配"，你的脑海中会浮现出"紫色"加"绿色"吗？恐怕很难吧？在小作者的眼中，这紫绿穿插的另类搭配竟胜过黑白相间的主流搭配。"绿是森林的色彩，紫是自然的恩赐，两者相融，怎么也看不出是温馨还是冷清了。"一如作者所言，这两种色彩在欣赏者的眼中呈现出极大的可塑性。全应了王国维所说的"以我观物，万物皆着我之色彩"。
>
> ——周婷婷

出神入化的《多子图》

　　去年国庆期间，我们一家在首都游玩，恰巧赶上了北京美术馆举办的齐白石老人画展。

　　早就听说白石老人画的花鸟鱼虫最为著名，妙在似与不似之间。如今一见，果真是名不虚传。就说那幅《多子图》吧，画的是七只小鸡围着一只老母鸡在团团转。画面非常简洁，没有艳丽的色彩，只是用灰、黑两种深浅的墨色，就形象地描绘出母鸡、小鸡那憨态可掬的模样，栩栩如生，令人赞叹不已！

　　你瞧，画中的大母鸡，后脑勺上长着一簇绒毛，就像是一顶棉帽，似乎要遮盖住它的面容。这位温柔体贴的母亲，在精心呵护着它的七个孩子，生怕它们受到一点点的委屈。在它的身边，依偎着两只正在熟睡的鸡雏。那可爱的小模样儿，甚是喜人。它们躺在妈妈的怀抱里，一定在做着香甜幸福的梦吧？整个画面中的七只小鸡，形态各异，活像一个个可爱的小绒球。它们有的侧着头，在用尖尖的小嘴认真地啄食；有的微微张开翅膀，在一起嬉戏打闹……而这一个个惹人喜爱的瞬间，都被白石老人手中那支神奇的笔给定格下来了。

　　如果你再仔细观看，细心品味，你就会觉得，要是有谁想在这幅画上的任何位置再添上一笔，或是去掉一笔，那都将是画蛇添足、弄巧成拙，绝对不行的。因为白石老人在每一次落笔之前，都是深思熟虑的。而且每一笔落在什么位置，是轻是重，是浓是淡，也都成竹在胸、考虑周详的。正因如此，白石老人的画，其画面总显得那样协调，那样精致，那样巧妙，那样和谐……

看着这些画,我心里想,要画出这样的画,要把画画到这样的程度,不知要付出多少努力呀!齐白石先生自己也曾说过:"余画小鸡二十年,十年能形似,十年能得神似。"由此可见白石老人对艺术的热情、钟爱和为之所付出的艰辛……

我喜欢白石老人的画,我从白石老人的画中,懂得了什么叫努力,什么叫执着,也更深刻地明白了努力与成功之间的关系。我也将为实现自己的理想去不懈地追求……

杭州市采荷第二小学六年级　杨馨如

名师点评:

绘画是一门艺术,名画更是艺术之精品。作为一个小学生,要把一件艺术精品,用文字表达出来,着实不易。作者对画作进行了认真观察。母鸡妈妈的"外貌"、小鸡的神态等,在小作者的笔下,都描绘得细腻传神。在描述画作时,小作者能将看到的和内心的想象自然融合在一起,把艺术品给写活了。

——尹红岩

情景交融写景篇

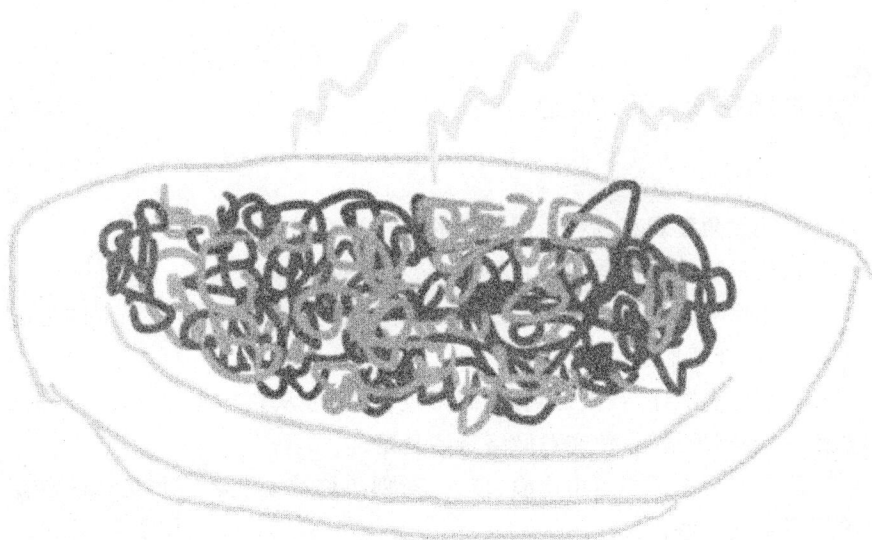

呼～ 呼嚕～

关联教材　日积月累

三年级(下册)第一单元介绍家乡景物:在和同学互相介绍家乡的景物时,你一定受到了一些启发。比如有的同学观察特别仔细,能说出景物的特点;有的同学能按一定的顺序,说得很清楚;还有的同学充分表达了热爱家乡的感情。这次习作,我们就来写一写家乡的景物。

真题呈现　小试牛刀

题目:我爱_____

回顾六年的小学生活,对母校的一草一木,一人一事,定有说不完的爱,道不完的情。请以《我爱_____》为题,写一篇反映小学生活的作文。

——六年级(下)杭州西湖区统考题

编者提示:现在的作文题非常灵活,也非常综合,学生往往可以选择自己擅长的那一类。比如这题,如果选了一草一木,就可以当成写景作文来写啦。

点滴技法　友情快递

1.从儿童角度观察、欣赏,用儿童的语言描绘景物。

2.抓住景物的特征写,写出景物与众不同的地方。

3.写景要有取舍,体现特色的地方,给自己印象最强烈、最深刻的地方要多写,详详细细地写。

4.写景要有顺序,或由远到近,或由近到远,或从整体到部分,或从部分到整体,有条有理地写,使文章脉络清清楚楚。

5.注意在文中恬当运用比喻、拟人、对偶等修辞手法。写景文章的辞藻也可用得华美一些。

6.要求学生努力学习在写景中抒情,使文章有景有情,情景交融,生动感人。

名校范文　快乐分享

三年级

彩　虹

　　总是听说彩虹很美,有七彩的颜色,像座桥梁一样挂在半空。我见到过画中的彩虹,也在纸上画过彩虹,可是从来没有看到过真正的彩虹。

　　一个周末的清晨,雨哥哥出来运动后就回家休息去了,太阳公公连忙从云阿姨后面探出了他的脑袋,天空因此显得特别亮,雨后的空气也特别清新。我和爸妈趁着爽朗的天气到郊外游玩,玩得开心极了! 当我不经意间抬头的那一瞬间,我看到了期待已久的彩虹。它的颜色淡淡的,没有画中那么清晰,七种颜色的过渡也没有画中那么明显。但我确定它是彩色的,是朦朦胧胧的彩色,是散发着光芒的彩色。它像一座桥挂在空中,我不禁想象:有着这美丽的彩虹做桥梁,那桥的另一端会是一个怎样的世界呢? 想着想着,我仿佛看到了我走在朦胧发光的彩虹桥上,像小仙女踩着云朵一样,来到了桥的另一端。下了桥,一阵阵花香扑鼻而来,出现在眼前的是一个五彩缤纷的花的海洋。小鸟欢快地叫着,蝴蝶挥舞着美丽的翅膀为我表演舞蹈。

　　我终于看到了彩虹,彩虹就好像是通往一个完美大自然的通道,在雨后的某个时刻,它就会出现在我们面前。于是,我特别喜欢雨后的天空,除了天空特别明亮、空气特别清新外,我特别期待能再次看见彩虹。

金华市金东区实验小学三年级　高凌雪

名师点评:

　　小作者运用"写生素描法",生动形象地描写了雨后彩虹的美丽景色,并展开丰富的想象,带我们来到了彩虹的另一端:一个美丽的世外桃源,让我们感受到了人间仙境般的美丽。小作者采用现实和想象相结合的方法,让大家读了有一种亲眼看到的感觉。文章语言流畅,行文自然洒脱,给人一种耳目一新的感觉。

——曹利华

我家的菜地

　　我的家乡在永康八字墙，那里的景色很不一般。山清水秀，农家小屋，一切都非常美。但最让我喜欢的，还要数我家的菜地了。

　　我家的菜地不大，分成两畦，周围围着淡黄色的篱笆。在两畦菜地之间，有一条窄窄的小沟。沟里清清的水，缓缓地流进对面的大池塘里。菜地里种的菜也不多，一共种了四种菜，可每种都是我喜欢吃的。

　　你瞧呀，春天又到了——

　　那时的菜地是可爱的。远看，菜地上像沾满了绿色的露水，极其特别。近看，菜地更是惹人喜爱：青菜妹妹长出了小小的、嫩绿的短头发；玉米弟弟还在睡懒觉；臭美的胡萝卜小姐要了点儿绿粉擦了擦，变得嫩绿嫩绿的；小葱姐姐则早已长得老高，骄傲地昂着头，像一位高傲的公主……

　　夏天的菜地又是一幅生机勃勃的景象：青菜妹妹张开翠绿的裙子，跳起了芭蕾；玉米弟弟长出青绿色的小手掌，不过别看它小，它还长着胡子哩；胡萝卜小姐扎上了许多好看的绿蝴蝶结；小葱姐姐最早被摘了下来，放在锅里大喊大叫："啊，好舒服呀！"……

　　秋天，是一个丰收的季节。菜地里，又一批青菜妹妹跳进了大竹篮，玉米弟弟排满的"珍珠棒"被请了下来，小葱姐姐再一次被人们放进了锅里。但它们都非常开心，因为，它们看见了主人们高兴的神情。

　　到了冬天，万物凋零，一切都静悄悄的，雪花在不停地舞蹈。菜地也安静下来了，它的身上盖着雪白的被子，但其实它没闲着，它一边吸吮和储藏着宝贵的水分，一边消灭着躲藏在它身中的害虫，以便为明年的丰收尽自己更多的努力。

　　我爱我家的菜地！

永康市大司巷小学三年级　黄　穗

名师点评：

　　文贵有情，这篇文章字里行间处处透露着一个"情"字。菜地不大，种菜不多，但在小作者眼里却是那么惹人喜爱，俨然成了自己特别亲密的朋友。文章结构完整，首尾呼应，条理清楚，按"春、夏、秋、冬"的顺序给读者展示了一幅又一幅充满生机、富有情趣的画面，再加上小作者充满童真童趣的表达，这样，我们这些读者的心情也不禁跟着作者的心情一样愉悦起来。

——吕芳华

我爱家乡的桑果

我的家乡被誉为"田园丁宅"，那里山清水秀，盛产水果：二月有草莓，六月有水蜜桃，七八月有葡萄，九月有猕猴桃……但我最爱吃的还是家乡的桑果。

春雨蒙蒙中，一棵棵桑树伸展着细长的枝条，抽出嫩绿的新芽。在阳光中，在微风中，嫩黄的新芽长成了绿叶，远远望去，真像翡翠。渐渐地，桑叶茂密起来，变成了一片绿色的海洋。

阳春三月，桑树上结出了一串串青青的果实。青绿色逐渐变淡，变红，最后变成紫色的。起初的青果非常小，慢慢地，它们长成了一颗颗像宝石一样的果子。在阳光的哺育下，它们变成了一粒粒紫得发亮的小东西，那就是成熟了的桑果。

这个时候，你如果来到桑树林，伸手就能摘到桑果。没有熟透的桑果又酸又苦，吃了还会拉肚子；熟透了的桑果甜津津的，叫人越吃越爱吃。不过，你要小心它的汁水，要不，你准会变成一只小花猫。

家乡的桑果真是一种美味的果品。我爱家乡的桑果！

上虞市鹤琴小学三年级　丁培尔

名师点评：

这篇习作，首先描述了桑树从发芽到长成叶子的变化，描述得非常细致。"嫩黄的新芽长成了绿叶，远远望去，真像翡翠"，凸显了桑树叶的晶莹碧绿。"……它们长成了一颗颗像宝石一样的果子"，采用的是比喻的修辞手法，形象地描述出了桑果的形状，也很精彩。全文既写出了家乡桑果的特点，也表达了小作者对家乡的热爱之情。

——张炜琴

黄山观猴

来黄山的第二天早上，我们去黄山脚下的猴谷观猴子。我心里既兴奋又害怕。导游说："这里的猴子有灵性，你们别大呼小叫，别逗它们，别喂东西给它们，也别盯着它们，否则猴子会袭击你。"我听不明白，妈妈又给我解释道："只要你不盯着猴子的眼睛，猴子就不会攻击你的；如果你盯着它，它以为你不怀好意，就会攻击你。"带着这番嘱咐，我战战兢兢地去观猴。

耐心地静静地等着，终于，一只母猴下山了。只见它一身又粗又短的棕褐色毛发,浅红的脸,血红的眼眶,火辣辣的眼睛,特别有神。最奇特的是它的尾巴,很短,几乎是"无尾猴"了。接着,又来了一只更大更威武的猴子,听说是猴王。它额上的毛竖立起来更高,毛色更暗,一副唯我独尊的样子。先前那只母猴一见到它,就臣服在它的面前。这时又来了一只小猴,它远远地怯生生地望着它们,显出一副好奇又胆怯的神气。

忽然,猴王一声尖叫,犹如下了一个命令,一群猴子活蹦乱跳地下山了。猴王又是一声吼叫,猴子们就好像是听到了"自由活动"的命令,整座猴山顿时沸腾了!到处可以见到猴子们的身影。你瞧,那边,一家三口幸福地相拥着,小猴子抱着妈妈的肚子不肯放手,猴妈妈则用手托着它。一会儿,小猴探头探脑地离开妈妈的怀抱,可没走几步,就又马上跑回来。多么有趣的画面啊!这边,两只小猴交头接耳,亲密地说着悄悄话。那边,猴子们三五成群地聚在一起,有的在摔跤,有的在追逐,有的在嬉戏,有的悠闲地观望着……但是它们都不敢打扰猴王,只是在四周活动。听说它们都有自己的地盘,谁也不许侵占别人的地盘。

欣赏着黄山这美丽的风景,看看眼前这些也似乎很有个性的猴子,我不由赞叹,黄山的猴子真聪明,真有灵性啊!

临海市哲商小学三年级 顾雨欢

名师点评:

> 小作者将景与情很好地结合起来,并且寓情于景,实属难得。文章动静结合,点面结合,同时运用拟人、比喻、排比等多种修辞手法,把黄山猴谷的猴子之独特、聪明、灵性等特点表现得淋漓尽致。习作语言流畅,富有童趣,确是一篇佳作。
>
> ——王美云

四年级

乡村桃花园

一声声汽车的喇叭声,萦绕在我耳边。

清晨,从繁华的市区出来,车子奔驰在通往街头镇后岸村的公路上,刚刚进入郊区,一派田野风光就呈现在眼前。

公路两边,郁郁葱葱的大树,枝繁叶茂。放眼望去,一望无垠的田野上,嫩嫩的小草微微地摇着身子,倾听风的诉说。小麦开始泛黄,伴着和风,扭动着它裹着丰收气息的身躯。我呼吸着无比清爽的春的气息,感受到了春剧烈跳动的脉搏。如此充满活力的季节呀！

春风在田野上游荡，满眼都是那悠闲的颜色，微黄掺和着点点新绿，让人久看不厌，一切显得柔和又安详。

小车在疾驰，高高矮矮的房屋被一一抛在了身后，成片的桃花林、斑斑点点的桃红色逐渐映入我眼帘。我一下子想起了自己要"千里迢迢"来这里的目的了，就为了能一睹家乡的"世外桃源"呀。

终于，我魂牵梦萦的家乡的桃花园，终于淋漓尽致地展现在我的眼前了。

在这里，想象和现实，并没有距离，只不过说是桃花，不如说是一片粉红色的海洋。也许成片都不能形容了。虽说桃花小小巧巧，看似微不足道，但面对眼前粉红色的海洋，你又如何能不啧啧称奇呢？

在这里，在每一片盛开的桃花林中，都有一位桃花似的桃花女主人。她们年轻、漂亮，又有点羞赧，看看路上成群结队络绎不绝来此处赏花的游人，心里自然分外高兴。慢慢地，她们不再害羞，勇敢地仰起脸，轻声向游人致意。这里也任凭游人拍照，只听到处"咔嚓"声，一张张笑脸就与红艳艳的桃花被定格在春天里了。

我喜欢桃花，喜欢它的艳而不娇，媚而不俗。要开就大大方方地开，浓浓烈烈地开。它并不轻薄，该来的时候来，该走的时候走，从不拖泥带水。

在这里，在花海中，我忽而钻进密密的桃花，忽而攀一枝桃花，一朵一朵地看，一朵一朵地闻。有时候小蜜蜂也赶来凑热闹，嗡嗡嗡地，赶也赶不走。

啊，我喜欢桃花，喜欢这家乡的桃花园。那一天，我和爸爸妈妈在桃园中逗留到很晚才回家。

天台县天台小学四年级　陈奕帆

名师点评：

> 四年级的小学生，能有如此生花妙笔，将大自然的美淋漓尽致地表达出来，十分了不起。在写景的同时，又有恰如其分的抒情，这说明小作者不仅有一定的观察能力，也有一定的思考能力。文章中用了许多生动的比喻，使文字变得富有灵性，这种情景交融的文章，给人以很强的感染力。
>
> ——许亚平

美丽的中央山公园

　　我的家乡在台州路桥,这里最美丽的地方要数中央山公园了。那里有山,有湖,有岛,树木茂盛,百花盛开,空气清新,是个游玩的好去处。

　　一走进大门,就看见"中央山公园"这五个鲜红的、苍劲有力的大字,刻在青褐色的石头上。它的旁边有一棵高大的樟树,像一位和蔼的老人,看着进进出出的人们。走近一看,啊!树干真粗啊!大约要三四个小朋友手拉着手才能抱拢。抬头看,就会发现它长出了点点嫩芽,站在阳光下,像是碧玉装饰成的。

　　往左走,映入眼帘的是用大理石砌成的迎宾桥。它好像正向从四面八方赶来的游客说:"欢迎!欢迎!"沿着迎宾桥往前走,就会看见一座拱形的"幸福桥"了。这个名字起得真好!我想从幸福桥上走过的人,一定都会感到很幸福吧!这桥的栏板上都雕刻着精美的图案,有的是两只玉兔在草丛中嬉戏,有的是几只燕子在枝头婉转地歌唱,还有的是几只鸳鸯在水中悠闲地游来游去,真像活的一样。

　　桥下有一潭碧玉似的湖水。水是那样绿,绿得像是被周围的绿树、浮萍染过似的;水是那样清,清得可以看见湖底的沙石。太阳透过桥边的大树筛下一束束金光,洒在水面上。一阵微风吹来,就看到波纹一圈一圈地荡漾开去,粼粼的波光闪烁着,像一面大镜子。湖面上飘着点点浮萍,有的挨挨挤挤地叠在一起,像在说悄悄话。有的零零散散地漂着,好像吵了架,互相不理不睬。

　　湖的中央有一个粉妆玉砌的梅花岛,岛上的梅花开了,淡粉色的梅花上透出点点红晕,好像抹了胭脂,一朵一朵挨挨挤挤的,像一串串梅红色的项链,压弯了枝头。

　　再往里走,就是一座郁郁葱葱的小山了。这小山的半山腰上有个小凉亭,站在凉亭上往下望去,整个中央山公园的美景尽收眼底。坐在小凉亭里休息的老人,摇着扇子,唠着家常话,一点也不觉得疲惫。年轻的姑娘和小伙子有说有笑,神采飞扬。

　　这就是风景秀丽的中央山公园,这就是我们家乡的中央山公园。我常常去,但我到今天还不能说清它的美。

台州市路桥区实验小学四年级　叶泯彤

名师点评：

小作者以自己独特的视角，按游览顺序，细腻地描摹了中央山公园的迎宾桥、桥下的湖水和湖中央的小岛。文中的比喻形象生动，公园的美景如一幅幅美丽的画卷展现在我们眼前。全文首尾呼应，结构完整。通篇读来，不露斧凿痕，小作者对家乡的热爱之情跃然纸上。

——胡敏

日落月升

斜卧在山坡上，任阳光温暖地照着，夕阳是这般美好、轻柔、温暖。闭上眼，享受这阳光，瞳仁中一片暖融融的橙黄色。

身下的青草地毯软而柔，头枕在手上，舒服惬意。睁开眼，远处的院落里，爬山虎那一片翠绿的颜色亮丽鲜明，只见微风漾起，一片好似翡翠的绿色就这样摇曳在暮色之中。湖边，榕树那苍茫而又高大的身躯始终挺立着，投下一片浓浓的荫凉。那群打鱼归来的人们，高声唱着歌，一同分享今日的欢乐，期待着明天的惊喜。

抬头仰望，天边的晚霞犹如一幅瑰丽的织锦，装饰着辽远、淡漠的天空。一丝丝、一抹抹、一片片、一层层，它如血似火，染红了山，燃烧了云，嫣红嫣红的。这种凝重、热情、奔放的色彩仿佛就要在天边如琼浆般溢出来，令人陶醉。

时间悄悄过去，太阳在西山上一晃悠，就沉了下去，取而代之的是那银灰色的月光。朦胧中，月亮升上来了，像弯钩一般挂在树梢上了。薄纱般的云雾在树梢间慢悠悠地移动，晚风吹拂，阵阵清凉。小山姑娘睡了，她那俏丽的身姿，在夜色中是那样安详、迷人。

月色下，池中的荷花仍是那样清秀、纯洁，也格外地安详，没有了蜻蜓的挑逗，没有小蝉儿的嬉闹，只有调皮的风儿，时不时撩拨一下她那宽大的叶子。忽然，"噗"的一声，是小青蛙入水的声音，她大概是回家找不到路了……

倏地，一颗流星闪着光，划过寂寞辽远的夜空，尾后那白色的光，短暂地点缀了深蓝色的夜空。

月亮越升越高，月光淡淡的，一片朦胧。田野、庄稼、人家，还有村口那只断了半截尾巴的小狗也都在月光下，多了几分神秘。

玉环县环山小学四年级　应澍也

名师点评：

> 小作者躺卧在青草地上，见证了由太阳落下到月亮升起的整个过程。文章按先后顺序，依次写来，表现了这些平常景象的特点和神韵。全文既有面的描绘，又有点的刻画，细致入微，文笔清丽，富有诗意，情景交融，的确是一篇上乘的写景之作。
>
> ——李璟慧

梅　溪

梅溪是条清澈的小溪。

踩着凹凸不平的石阶，我们到了梅溪边。此时的梅溪正唱着欢快的歌，十分清脆。一些青苔顺着溪水漂走。空气中散发着梅溪湿润润的水汽，还大方地赠送了树叶和青草的清香。梅溪看起来格外温柔。

但在石头这里，梅溪遇到了困难。她万般讨好地抚摸着石头，石头却并不领情，依然冷冷地霸在那里。梅溪顿时火起，"啪啪啪!"来了几个连环巴掌，再踢了一下，一扭身从石头缝里和石头的两边溜了。于是，梅溪又欢快地哼起了胜利的小调。

黄昏时分，小气的太阳收回了白天装扮梅溪的金色波纹服，自个儿回家歇息去了。这时，顽皮的月亮眯缝着眼睛跑来撒欢了。她送了梅溪一条淡黄的围巾吧？或者太陶醉了，只顾着和月亮眉来眼去，水虽然在流，但没有一点声音。

这梅溪真是一个脾气怪异的家伙，一会儿温柔，一会儿暴力，一会儿文静，她的心思似乎谁也摸不透！

温岭市方城小学四年级　林　益

名师点评：

> 文章清新如溪水，活泼如溪水，不雕琢，不娇情。虽然短小，但是作者从自己个性的感受出发，用拟人的手法写出了梅溪的多种性格。全文感情真挚，用语自然、简洁，个性鲜明。而且比喻和拟人这些手法的运用，既贴切、形象，又不落俗套，还充满儿童趣味。　　——朱兴华

五年级

冬 雪 之 美

夜深人静，雪飘然而下。寒风被北面的大山所阻断，街道飘雪的夜静谧而又安详。大片大片的雪花绵绵不断地在空中飘飘洒洒，像是无数洁白的花瓣在舞蹈，又轻轻地、柔柔地落下，亲吻着大地，敦厚而又温暖。天边的雪是看不清楚的，唯有路灯下的雪花清晰可辨。不知是橘黄色的灯光温暖了雪花，还是雪花给街道的灯光带来一份灵动，灯光辉映下的雪花成了我眼中一幅最美的风景。

雪花一片一片落下，也不知过了多久，地面上就有了一层厚厚的雪，就像洁白柔软的素毯。夜色中，那天空也朦胧在一片苍茫之中。雪花静静地落到我的脸上，呀，凉丝丝的，真舒服！我伸出手，去接那些六角形的小精灵，可它们一落到我手上，便融成了晶莹的水珠。

静谧的夜空，独自一人静观雪景，感觉心怀也因这雪景变得一尘不染，沉醉中忘了自我。

次日之晨，不知不觉，东方的地平线上出现了一抹红晕。那淡淡的红色终于成了"耀眼"的光芒，那躲藏在夜色里的雪也明亮了起来，它们早已经把天地覆盖成了一个银装素裹的世界。那一层洁白的素毯，让人不忍心放下脚去。

高高的墙头上堆了厚厚的雪，枯黄的树上粘了白白的雪，好像一树树玉花花。细细一看，就连阳台上也铺了一层薄薄的珍珠似的雪粒。

走出门外，只见雪仍在扯絮般地飘落，一朵接一朵。抬眼望去，天和地似被漫天飞舞的雪花连成了一体。满路的雪宛如一张毫无瑕疵的宣纸，静静地展示着它的纯洁。但，为了生气，我还是在它们的上面印上了几个调皮的小脚印。

听人说，冬雪不像春雪，会很快融化。冬雪是冬的精灵，它会久久地待在山沟里，树丛中，屋檐下。除非你有一个接着一个的红红的太阳，它才会慢慢地消融……

冬天是寂寞的，但有了冬雪，冬就不再寂寞，因为有孩子打雪仗、堆雪人的喧嚣。我爱雪，我特别爱冬天的雪。

玉环县环山小学五年级　王可珂

名师点评：

> 这是一篇写景的散文，作品最大成功之处在于作者抓住了雪花洁白清凉的特点，却营造出温暖的意境，毫无凄清之感。这是如何做到的呢？动静结合，静中有动，以动衬静。雪花飘洒、夜色褪去、人的悄然而至等都体现了一种灵动美。"'我'印上了几个调皮的小脚印"更是生动可爱，既静谧又活泼，犹如一幅画，又像一首诗。 ——吴秀艳

白云深处是我家

秀山丽水，养生福地。这里天是蓝的，水是绿的，花是红艳艳的，空气是凉润润的。延绵的防洪带，秀气的万象山，清丽的处州公园，每一处地方都好像是一幅刚展开的美丽画卷。但我最喜欢的还是云雾缭绕的"天然氧吧"白云山。

白云山脚的那条小溪就足以让人流连忘返了。如果说白云山是我们这个地方的后花园，那么这条小溪就是这个后花园的长腰带了。它细细的、弯弯的，向山脚绵延而去，又从山脚迤逦而来，一路唱着清脆动听的歌。但要"问渠那得清如许"似乎是不可能的，因为山坡上草木丰茂，看也看不清。我和爸爸好几次顺着溪流去"探险"，但一次也没有成功。这小溪实在是太长了，有些地方有小溪但没有路。

小溪中间散落着大大小小的石块，颜色一律是青青的。有些憨厚平整些，游客们喜欢坐在上面拿出手帕蘸着清冽的山泉擦把脸，有些秀气小巧些，孩子们在这些石块上踮着脚尖大呼小叫地跑来跑去。我最喜欢的小游戏是翻开小石头找螃蟹。我翻呀翻，翻呀翻，有时会找到指甲大的小螃蟹。这些小螃蟹发现自己被暴露，会横着腿乱跑。可是，我只要轻轻一伸手就能捉住它们。我把它们放在手掌上，看着它们爬过去绕过来，爬过来又绕过去，可终也爬不出我的手掌心，真是太有趣了。

步云岭是白云山另一个迷人之处。恰如其名，它有将近2000级台阶。站在山下抬头望，这台阶一直没入白云深处，真的是"只在此山中，云深不知处"；但一旦你爬到山顶再俯瞰它，你又不知道这石阶的头到底在哪里了。因为石阶弯来弯去，无论你站在何处，你只能看见其中的一段。不过尽管要登上步云岭是一件十分艰难的事，但每天来这儿锻炼身体的人还是络绎不绝。

而对我来说，最吸引我的倒不是步云岭的艰险陡峭，而是它的变化多端。山脚起步处的步云岭是一些普通的条石台阶，窄窄的只能放下一只脚，这跟别的地方没什么两样。但到了半山腰的凉亭上面，这里的步云岭，其台阶渐渐变得模糊了，有些地方甚至只留着台阶大致的影子。再往上走，两边的树木越来越多，越来越大，越来越高，而路却越来越窄，最后连台阶的影子也很难辨清了。所以，步云岭的上端，其实就是一条山间小土路。妈妈说，攀登这步云岭啊，心境都会发生好几重的变化哩！

最后，我再告诉你一句，我老家就在白云山上，所以我说："白云深处是我家。"我爱白云山，我爱白云上的老家。

丽水市圈山小学五年级　王品淇

名师点评：

> 身边的常见之景，许多同学都会视而不见；提笔作文时，也就感觉没东西可写；勉强写出来，也常常是干巴巴的。《白云深处是我家》一文语言质朴，情感真纯。所写的虽然是山脚的小溪、溪中的石块以及登山的台阶等寻常之物，但处处体现了小作者认真细致的观察以及良好的素材裁剪能力。全文流淌着对家乡的浓浓的爱，不矫情、不雕饰，颇为难能可贵。
>
> ——黄和梅

又是一年菜花黄

清明假期的一个上午，阳光灿烂，万里无云。我们一家人乘车去仙居双庙乡观赏一年一度的油菜花节。

一下车，一股夹杂着油菜花香的春风迎面扑来。放眼望去，两千多亩的油菜花金黄一片，像是给大地铺上了一层金黄色的地毯，向远处延伸，一直伸向天边，菜天相连，真是美丽极了。沿着观赏通道越往里走，油菜花就越多，越紧密。俯身细看，油菜花形态各异，有的全开了，金黄的花瓣在阳光下闪闪发亮；有的早已开放，花瓣谢了，长出了一指长左右的菜籽；还有的含苞待放，鼓鼓的花苞仿佛要破裂似的。这些油菜花长得很旺盛，每株大概有一点五米来高，比我的个头还高呢。每株油菜上有不少枝，枝上生枝，枝上又生枝，每枝枝上开满了花。一簇簇、一株株、一片片，连成了花的海洋。春风吹拂，菜花摇曳，仿佛黄金流动，真是美丽极了！

油菜花中，那形态各异、多姿多彩的稻草人算是另类，也似乎更吸引无数游客的眼球。稻草人,本来是乡下农人插在农田里用来吓鸟的,但现在这里的稻草人有另一番意义。据说今年稻草人的主题是"童话",也就是说把稻草人扎成童话中的人物形象。瞧,那边是安洲小学制作的"哪吒闹海"。只见哪吒手拿混天绫,脚踩风火轮,样子十分英武。虽然是稻草做的,但"哪吒""巨龙""螃蟹""小虾""小鱼",还有那些武器,每一样都做得活灵活现、栩栩如生。我站在哪吒的旁边,让妈妈用相机留下这精彩的一幕。据说另一边油菜花田中的稻草人是我们"一小"做的,我是"一小"的学生,当然要去看看。结果跑去一看,扎的原来是"曹冲称象",只见一艘大船上,站着一只很大的象,象旁边站着曹冲。我觉得这也很有创意,但这离稻草人赶麻雀似乎远了点。在四周的油菜花中还有根据"八仙过海""三打白骨精""真假美猴王"等故事扎成的稻草人。我们没有细看,但感到每个稻草人都做得十分逼真。

　　油菜花是很平常的东西,但连成片的确很好看,再加上替人看守油菜花的这些稻草人,就更吸引人了。我觉得我们仙居人好聪明,每年春暖花开,搞一个油菜花节,既让人们赏了景,又让人们放松了心情,花钱也不多,挺合算的。

仙居县第一小学五年级　张铠驿

名师点评:

　　小作者从油菜花、稻草人两个角度展现家乡油菜花节的独特迷人。油菜花部分,按由远及近的顺序写出了远望时的壮美和近观时的形态各异,观察非常仔细。稻草人部分,通过具体生动的描写,把"哪吒闹海""曹冲称象"等各种稻草人有声有色地展现在读者面前,联想丰富,详略得当。

——林晓梦

幽　雪

　　霎时,天地间洁白如玉。雪,漫天飞扬,我呢喃道:"盼了好久呢……"

　　温州的雪有几分恬静。它虽没有哈尔滨那样的鹅毛大雪,大得顿时冰天雪地,但它细细绒绒,悠悠而落;它虽没有新疆那样的雪满长空,满得天上仿佛铺上了白毯,但它好精致,给天空亦增添了好几分姿色。

　　雪,如柳絮,像丝绒。站在操场上,仰望着你悠闲的身影;倚在门边,倾听你无声的告白;靠在窗口,呼吸你洗净的空气;伸出手掌,握住那迷你的身躯。睁开眼,你的踪迹却早已荡漾无存,只化作水,留下一段无声的回忆。

　　在宁静的角落注视你,在屹立的青山前,在朦胧的白色中,山显得水墨画般缥缈，若有若无。若隐若现的轮廓，展现出你的羞涩，勾勒出你窈窕的身影。天淡淡的蓝，雪幽幽地飘，青山安静地坐落着。青、白、蓝相衬……你有着一种宁静不失淡雅的美。

这样的雪，温柔似水，实则内心也狂野。

抑制不住兴奋的同学，早已欢声笑语一片，和刚才仿佛两个世界。一个寂静，一个欢闹。"啪！"一堆雪在头顶上"炸开"，激起了我的"斗志"。"敢打我！"我的低吼已变成咆哮，边跑边打，却任凭我在裤腿打出一朵朵散落的花。"哈哈，大家疯才是真的疯！"大家互相追逐着，打破了这恬静的世界，焕发出如此生机。笑声，在雪仗中挥发得淋漓尽致，快乐，在雪仗中突破了囚禁。此刻，静静躺在屋檐上的雪与追逐的我们构成了一种不言而喻的美。

雪，既在我们身边飘着，又在我们心里飞扬着。我们，行走于飞扬的雪世界；雪，缠绕在屋檐。我们，沉浸在雪的欢乐里面；雪，在我们的世界里飘着……

一切的一切，都来源于那一片片的幽雪。雪，虽冷，虽淡，虽轻，但可以燃烧起我们藏匿已久的快乐和疯狂。它有着无可替代和无法比拟的温馨与希望，让这个冬天不同寻常！

温州市鹿城区广场路小学五年级　潘宜麟

名师点评：

> 　　雪，温州真的不多，爱玩的孩子心中都藏着一份对雪的企盼。小作者通过诗一般的语言，如"洁白如玉，漫天飞扬"，如"细细绒绒，悠悠而落"，如"如柳絮，像丝绒"，等等，将一幅雪天与同学玩雪的画面写得栩栩如生，从中抒发了自己对雪的喜爱之情，也让我们感受到了雪带来的快乐。文章写得很美，它让人久读不厌。真所谓：雪如丝绒悠悠落，又似温柔又狂野！
>
> ——陈莺

六年级

下 乡 散 记

清早拉开窗帘,一抹阳光照进房间。天气真好,去乡下走走吧!

乡间的一切都是那么清新美好。出门走几步就是外公种的水稻田,外公去拔草,我便也跟着来到田边。

站在田野中,清风拂面,使人心旷神怡。抬头远望,几座青山被一团白色笼罩着。外公说那里已经在下雨了! 山虽在远处,雨烟笼罩却清晰可见。看来,雨马上就要下过来了,动作要快! 我脱下鞋,下到田里,好不容易才找到一棵杂草,它可真会伪装啊! 弯下腰,把手伸进泥里,将它连根拔起,再把泥土抖落在田里,随手便扔在了田埂上。抬起头,那片白色离这里越来越近,我慌忙胡乱地洗了一下脚,便和外公逃回了家。

站在屋子里,望向天边,一远一近两座山都被白色笼罩着。眼前的景物越来越模糊,可天边的景物却越来越清晰。夏天的雨就是这样,一阵一阵的,总是那么突如其来。只见最远的那座山已完全挣脱了白色的束缚,恢复了它原本的苍郁。

突然,"啪啪"的声音从耳边传来。定神一看,硕大的雨点落在了房前。那一个个雨点大如铜钱,又似一朵朵小花肆意绽放,"噼啪噼啪",犹如放鞭炮一般。

雨停了,空气更清新了。走在田间的小路上,心情也更加舒畅了。放眼望去,一望无垠的稻田里禾苗格外鲜绿,不由让人感叹:小小的长兴城外,却别有一番令人心动的景致!

长兴县实验小学六年级　施润予

名师点评:

在小作者笔下,鲜绿的田野、苍翠的远山、突如其来的夏雨,构成了夏天乡下不一般的景致,这些景物看似信手拈来,实则匠心独具,它是小作者精心挑选的结果。此外,本文文笔流畅,叙述简洁,独特的联想更令全文增色不少,称得上是一篇自然清新的写景佳作。——屈妍

屋后即景

我对家里的摆设虽然熟悉,但对它的欢喜却不如屋后的风景。

我曾不止一次地画屋后风景,对它简直是了如指掌。由于父母工作的原因,我们像寄居虫,又如一条漂泊不定的渔舟,时常搬家。对以前的旧居,我总是印象不深,及至搬到现在的住处,第一眼见到房后的风景,便让我有一种既陌生又熟悉的感觉。

屋后有一座寺庙叫安福禅寺,倚靠着半月山。听爸爸说,陆游小时候随父亲访友就在此处居住过,算是有些典故吧。清晨,我喜欢到阳台上呼吸清新的空气,我总是疑心有一位仙子隐藏在半月山的林子里,悄悄打开花袋,往我们这些人家播散着清凉的花。而此时,古老悠扬的钟声伴着绿树的细语慢慢向周遭弥漫开来,犹如智僧沙哑的沉吟,是的,也只有那具慧根的人才能领悟似水漾开的钟声里所蕴含的哲理。这功力浑厚的钟声把慵懒的阳光从山后托起,于是金光普照房前屋后,在寺院的瓦楞上铺出一层佛光,连同四周的老房子也都被惊醒着,如一位被阳光照耀后眯起眼的古稀老人,露出岁月沧桑的脸庞。

近处是一座座红瓦白墙的粮仓,它仿佛一个谦虚的孩子,有意让后面的风景一览无遗。粮仓前是一个略显空旷的菜园,那些挤挤挨挨的瓜果蔬菜,就像一群群讨压岁钱的小顽童,穿着花花绿绿的衣裳,活泼可爱,让人喜欢。我常常看到一个灰黄的影子在那里来回穿梭,它叫小灰,它健硕的腿总能灵敏地避开那些菜帮,一只扫把似的大尾巴却总是亲昵地在叶子上扫来扫去,这些菜便不住朝它点头摆手。有这样一位忠实、快乐、活泼的小灰陪伴,菜园子便有了分外的生气。

如果起雾的日子,房屋与人便犹如沉浸在雾气之中,飘浮着,灵幻着。我踏进迷蒙的林中,雾气更浓了,如置身云海。那些树叶、枝干、花朵、草丛像在指间流淌,当我想要抓住这些迷雾,它们倏忽便散开去,如飘浮的梦境,又让我体味着"远看山有色,近听水无声"的意境,又让我想起一首叫作《南屏晚钟》的校园歌曲:我匆匆地走入森林中,森林它一丛丛,我找不到它的行踪,只听到树摇风——当我站在书房外去端详它们,这些雾像绸带般缠绕在半月山腰,安福寺便如蓬莱岛上的仙宫似隐似现。多么美妙动人的画景啊!

而不知何时起,风开始挟着雨滴驱赶走了那些雾。听到风带动衣架的舞步声,我知道,从山那边由远而近的一场风雨交响乐就要开始了!"滴滴答答"的前奏之后,越来越多演奏者就位了,乐章骤然响起——云,这位才情俱高的鼓手拾起雨的棒槌,开始向大地这面鼓击打下去,忽高忽低,时慢时快，天空暗淡下来，而菜园子却热闹起来，红、黄、紫、绿各种菜蔬张开手臂，拥抱着这场及时雨。伴随着雨点急促的舞步，阳台上衣架上的衣裳，墙角的花草，以及遮光篷都欢快地晃动着身子加入这场盛宴，而两位音响师与灯光师——雷与电也出场了，它们一次又一次地扯裂天幕的边角，轰隆隆的炸声直抵大地深处，那些残叶如水花般被震得四处飞溅，这是大自然演绎的一出惊心动魄的戏剧，激情四射，摄人心魂。而雨中的安福寺，竟如入禅的老者，纹丝不动，任由雨水在屋檐上奔腾，最后汇流成柱，又转眼间跌落成碎散的水花。

但一切转瞬即逝，雨停止的时候，黑夜遮盖了一切。这一幕，不再重来。

磐安县实验小学六年级　施唯一

名师点评：

> 老街、老房、老庙、老菜园……这些从小看到大的景物在小作者的眼里总是那么的清晰，虽然老旧的风景会被时间淡忘，会被尘埃掩埋，会被风雨拂过，但存留的是永远的记忆。本文一眼看去是写景的文章，深入细读，字里行间渗透的都是作者对老旧风景的感情。这感情是那么的深厚，又是那么的依恋，不得不说这个孩子内心世界还真丰富。
>
> ——胡巧芳

雷　雨

一阵大风吹来，不仅把天遮住了，还唤来了乌云，更把小树吓得东倒西歪。

风越刮越大，从大风变成了狂风，好像非把小树连根拔起不可。仿佛被吓着了，乌云的眼泪不争气地掉了下来，豆大的。它还越哭越响，越哭越大，链子般的眼泪一串连着一串，无情地抽打着大地。

顿时，一道银龙似的闪电划过天空，朝正哭泣的乌云劈头盖脸地打过去，好像是天公对乌云的惩罚。接下来，又是一顿冷嘲热讽："轰隆隆，轰隆隆……"应该是骂够了，天公又扇了乌云一巴掌，才扬长而去。

乌云还是哭，淅淅沥沥，不过小了许多，像牛毛，像松丝，还像千万只老螃蟹在河滩上爬……

乌云散了，白云笑了，太阳爬上了站岗台，天上挂上了一条彩虹，小树笑了，孩子笑着对彩虹指指点点。多美好啊！

余姚市实验小学白云校区六年级　王亦凡

名师点评：

　　这篇写景习作文字不多，却写出了暴风雨的全过程。小作者通过细致的观察、丰富的想象，把雨前、雨中、雨后的过程，写得生动形象。"仿佛被吓着了，乌云的眼泪不争气地掉了下来，豆大的。""乌云散了，白云笑了，太阳爬上了站岗台……"这些新颖的比喻、生动的拟人手法的运用，让人读了有身临其境的感觉。用"有声有色"来形容本文，绝不为过。

——王亚芬

海滨访友

　　我爱大海——不需要任何理由。

　　从小生长在海滨的我，和大海结下了不解之缘。几次探访回来，很想描摹他的美，无奈笔拙词枯，每次提笔又搁下。不写，怕辜负了他。写了，怕轻了他的分量。

　　早晨醒来，又想去拜访我的朋友——大海。闲闲的，像串门的常客；切切的，如回乡的游子。

　　来到一望无际的海边，我就被这碧水蓝天迷住了。只见海水和天空融为一体，分不清哪里是水哪里是天。正所谓"雾锁山头山锁雾，天连水尾水连天"。抬眼望，远处海鸥翱翔。此情此景，顿时让我心胸开阔，心旷神怡。

　　站在沙滩上，我热切地和大海这个老朋友打招呼。仿佛是为了回应我，他也变得十分活跃：贝壳俏皮地吐出舌头欢迎我，浪花欢快地为我喝彩，海水轻柔地拍打我的脚，像为我接风洗尘。

　　我喜欢大海的平静，也喜欢大海的汹涌。因为大海的守望者——堤坝为大海筑起了坚实的防线，用挺直的脊梁、坚厚的胸膛与钢铁般的臂膀阻挡了他汹涌的脚步，化解了他咆哮肆虐的怒气，让大海在属于他自己的领地上奔突撒野、尽情狂欢，而不会破坏和毁灭人们的家园。

　　目光掠过思绪眺望大海，海风徐徐，海水波光粼粼，波涛拍岸，卷起千堆雪。"海纳百川，有容乃大"，我的老朋友也正是用他宽广的胸襟容纳了海中万物，也和这个世界和谐共处在美好的蓝天白云下。他的血脉循环往复，他的筋骨永不枯竭，他的精神生生不息——我用一颗谦卑的、敬畏的心去贴近这位朋友的胸膛，那是来自内心深处的感触。

　　我，想用丹青画出他的美，想用音符谱写他的美，想用诗歌颂扬他的美。

但千言万语都难以表达此刻我对他的热爱！

我爱大海不需要理由。

温岭市方城小学六年级　邵遂凯

名师点评：

这是学完《山中访友》一文后学生的仿作。小作者学习文本，不是单纯地模仿，而是一种创新，一种超越。你看，生在海滨的作者对大海的感情是多么的深厚。浪花、贝壳、海鸥、堤坝……都是他的朋友。在描写时，各种手法交织使用，比喻、批人、排比、引用……让我们不得不佩服作者的文学功底。

——杨美君

关联教材 日积月累

四年级(上册)第一单元口语交际·习作:让我们来交流一下各自了解的自然奇观。要讲清楚景观的奇特之处,还可以说说这样的奇观是怎样形成的。在口语交际的基础上,围绕自己游览过或了解到的一处自然景观,写一篇习作。可以写著名的旅游景点,也可以写身边的景物。写之前要想想主要突出哪一点奇特之处,大体按怎样的顺序写。

真题呈现 小试牛刀

题目:请到这里来

提示与要求:"这里"可以是校园一角,也可以是公园一景,还可以是一条河,一个山坡,一座桥……请你具体地写出"这里"的特点,以及"这里"给你带来的深刻记忆。注意语句通顺,不写错别字。文中不出现真实的校名和你的姓名。不少于350字。

——四年级(下)舟山市普陀区期末统考

点滴技法 友情快递

1.写清楚游览、参观的时间、地点、人物、过程、目的及收获。

2.可按游览、参观的先后顺序或时间的先后顺序记叙,也可采用倒叙的方法,先写游览参观后的收获、感想,再写游览、参观的具体经过。

3.记叙要有重点,重点部分应详写。挑有特色的或最有意思的地方写。不可看到什么就写什么,像记流水账。

4.不仅要写参观、游览中看到的,还要有选择地写听到的、想到的,这样的游记才会让人喜欢读。

名校范文 快乐分享

三年级

春游去喽

老师一宣布明天去春游,教室里立即"耶"声连片,再听说这次春游的地点是我们最最喜欢的儿童乐园,教室里犹如油锅里加了水,顿时沸腾起来。

第二天,老天爷真给力,天气犹如我们的心情,灿烂无比。八点,我们就出发了,大家好像是出笼的小鸟,说说笑笑,很快来到了儿童乐园。

第一站是"旋转大圆盘",我们一个个兴高采烈地登上大圆盘,坐好,系牢安全带,迫不及待地叫老板快快开动。圆盘开始转动起来,越转越高,越转越快,几个女同学吓得尖叫起来。我们男同学却觉得虽然好玩,但还不够高,不够快,不够刺激。

意犹未尽地下了转盘,我们嚷嚷着要玩更刺激的。老师说:"行,行!等一会别吓哭哦。""切,才不会呢!"我不屑地撇撇嘴。

我们登上了海盗船,开动铃声响了,海盗船左右转动起来,越来越高,越来越快,胆小的同学吓得趴在了前面的扶手上,我却伸开双手大喊着:"太爽了,我是大海盗。我要飞了。"吓得老师在下面拼命喊:"坐稳了。"五分钟后,我兴致勃勃地下了海盗船,等着老师的批评,但老板的一句话让老师顿时消了气:"没事的,系着安全带呢。"

最恐怖的要算闯鬼屋了,连自认胆大的我都被吓得脸色苍白,闭眼走完全程。刚进鬼屋,我还是一副无所畏惧的好奇样。里面漆黑一片,走着走着,突然一束蓝光闪烁,"啊!"只见两个白发骷髅伸着双手朝我抓来,我吓得赶紧往后退,一个劲地安慰自己:"假的,假的。"但是双脚还是抖个不停。哆哆嗦嗦往前走,又一道红光闪过,紧接着一条吐着红红芯子的大蛇来到我的脸前。我和边上的同学吓得搂成一团,眼也不敢睁开。闭着眼睛往前走一会儿,听见边上都是同学的尖叫声,忍不住好奇,又睁开眼,"啊!"又是哭天喊地的尖叫,原来我刚睁开眼睛,就有一个吊死鬼从天花板上倒挂下来,大声狞笑着。吓得我再也不敢睁开眼睛,闭着眼走完了余下的路段。出了鬼屋,每个人都是面如土色,这真是恐怖之旅。

接着我们又玩了大青虫、疯狂老鼠等,都是又刺激又好玩。当然一些危险的游戏如过山车等,老师说我们还太小,下次来再玩。

哈哈,刺激的儿童乐园,等着下次我来把你一一征服。

义乌市绣湖小学三年级 方子诚

名师点评:

> 春游、秋游是孩子们最盼望的日子。从听到春游消息到春游结束,通篇文章都洋溢着孩子的快乐。在写的时候,小作者也注意有详、有略。同时,通过神态、动作、语言来表现当时自己的心情,以及游乐项目的刺激、惊险,让我们读了也有身临其境的感觉。 ——任红心

看稻草人

一年一度的仙居油菜花节又到了,听说今年的稻草人非常好看。今天,我和家人慕名前往双庙去观赏稻草人。虽然路上堵车耽误了半个小时,但丝毫没有影响我们游览的兴致。来到双庙的油菜花地,大片大片金灿灿的油菜花马上映入眼帘,让我们眼前一亮,仿佛是一幅美丽的油画。放眼望去,只见油菜花丛中矗立着各种造型的稻草人,给油菜花节增添了一道独特的风景!

我们先走进"花田书苑",首先看到的是"桃园三结义"。刘备、关羽、张飞三人端着酒杯,在一个桃园里结拜为兄弟。刘备穿着蓝色的衣服;关羽留着长长的枣红色的胡子;张飞满嘴黑胡子,有趣极了!接着,我们走进了生动的"三顾茅庐",情景布置得非常逼真:刘备三次去请诸葛亮出山来帮他出谋划策,前两次诸葛亮都避而不见,第三次诸葛亮被刘备的诚意感动了才肯出来相迎。两人一见如故,端着酒杯,跪坐在一张席子上,边饮边谈。人物形象塑造得栩栩如生、惟妙惟肖,远观还以为是真人呢!

我们绕过了一条小路,来到了我们学校做的稻草人前。一看招牌,上面写着"新哪吒闹海",下面还附有一段简介。我们走进去,一眼就看见了哪吒。只见他脚踩风火轮,手握混天绫,腰和肩头连着乾坤圈,裤子是用银丝夹稻草绑成的,看起来酷极了!而一旁的老龙王却被他打得落花流水,龙头和龙身被远远甩在了两边,龙筋被活生生地抽出,一股"鲜血"从龙身里喷薄而出。虾兵蟹将见自己的主子被打得如此狼狈,便不顾一切地冲上去和哪吒展开激烈的战斗。这是花海中一场"精彩"的搏斗。"像!真是太像了!"我不禁暗自称赞道。我不得不佩服我们学校美术老师的心灵手巧和独具匠心。不一会儿,"新哪吒闹海"就吸引了许多游人驻足观赏。大家都不约而

同地纷纷涌上前去拍照留念。

再往前走,我们还观赏了"孔融让梨""爱丽丝漫游仙境""八仙过海"……它们个个造型独特,形态逼真,使看的人都忍不住啧啧赞叹:"真是精彩!"

今年的稻草人果真好看,今天真是不虚此行。我想,明年我一定还要再来!

仙居县安洲小学三年级　朱芯逸

名师点评:

> 本文条理清楚,详略得当,语言活泼生动。小作者写了自己在油菜花节的所看所想,并由看到的事物展开合理、有趣的想象,赋予稻草人神态、动作,并加上一定的故事情节,稻草人在小作者生动的描绘下"活"了,使人读后如临其境。
>
> ——王媚

朱家尖南沙之行

去年暑假,妈妈开车带我们四个小朋友一起到朱家尖南沙去玩。一路上,我们有说有笑,就像放出笼子的小鸟一样开心。

到了朱家尖南沙,我们就看到了一望无际的碧蓝色的大海,金灿灿的沙滩,还有密密麻麻的游人。我们一下车就甩掉拖鞋,张开双臂向沙滩狂奔过去。踩在又松又软的沙滩上,脚底感觉暖暖的,好像沙子在挠我的痒痒。大海欢笑着,翻卷着白色的浪花,好像在欢迎我们。就在我张口呼吸着咸咸的海风,美美享受着海水亲吻脚丫的感觉时,海浪又像害羞的小姑娘,很快地躲到大海妈妈的怀里去了。我们挽起裤腿,高兴地去追赶海浪,还没等我们站稳,海浪又向我们跑过来,我们相互泼水、嬉闹,洒下了一串串银铃般的笑声。

我们在海滩上狂奔了几圈,就找了个地方玩起沙子来。妈妈拿来一套沙雕工具,我们准备动手建造一座梦幻城堡,过把"建筑大师"的瘾。我们先用铲子掘沙。掘沙的过程就像是淘宝,我们摸到了许多金灿灿的小贝壳,还淘出了光滑的鹅卵石,还有一块大石头。家睿哥哥说:"我们就用石头当小岛。"我们不停地挖,就像一个个土拨鼠。没过多久,一圈三米多长的城墙就挖好了。接下来,我和妹妹负责运沙,阳阳哥哥和家睿哥哥用锹把沙子堆砌起来。我们先搭了一个梯形的大平台,然后逐层垒高,在每层楼中还用刻刀雕了一些门和窗。大家忙得不亦乐乎，经过一个小时的辛勤劳动，我们的梦幻城堡已初具规模。

　　就在这个时候，海水不知不觉已经涨潮了。妈妈拿起照相机，正要给准备收工的我们拍照留影时，一排大浪向梦幻城堡席卷过来。不好，小路被淹，城墙被毁，三层高的城堡也慢慢地塌方。我们急忙跑去救援，可惜为时已晚，第二排大浪又来了，这回我们的梦幻城堡已化为乌有。可我们一点也不难过，因为我们收获了当"建筑大师"的快乐。

　　整整一个下午，我们在沙滩中开开心心地玩着。直到太阳西下，我们才带着满身的沙子，也带着美好的回忆恋恋不舍地离开了大海，离开了沙滩，离开了美丽的朱家尖。

舟山市南海实验小学三年级　苗秋粟

名师点评：

　　玩是孩子的天性。你看，小作者和海浪玩得多开心哪！"我们挽起裤腿，高兴地去追赶海浪，还没等我们站稳，海浪又向我们跑过来，我们相互泼水、嬉闹，洒下了一串串银铃般的笑声。"小作者鲜活的语言，让我们感受到了孩子追逐浪花的乐趣。再看孩子们精心建造的梦幻城堡，虽然在大浪的袭击下化为乌有，但孩子一点也不难过，因为他们已经享受了当"建筑大师"的快乐！这就是童心、童趣的魅力！

——夏波

游　方　岩

　　"五一"劳动节那天，爸爸妈妈带我到永康方岩爬山。

　　为什么叫作"方岩"呢？那是因为这里的石头都是方方正正的。

　　走进方岩，首先映入眼帘的是奇形怪状的石头。这些石头有的像蒙古包，有的像包子，有的像桃子，还有的像橘子。而且，这些石头都有一个相同的地方：它们的顶端都是圆圆的。那是这些岩石经历了很长久的岁月，每天饱受风雨侵蚀的结果。妈妈说《天龙八部》就是在这里拍的。我听了，游览兴趣就更浓了。

　　方岩的景点其实就集中在一处处的山中风景里。放眼望去，山无边无际，像海上涌起的浪花，又像柔软的地毯，一层一层，一波一波，美极了！当地人说，来方岩，没爬山，等于没来过方岩，没见到方岩的美景。开始爬山了，我们一家人像是在比赛，你追我赶。不一会儿，我就超过了爸爸。爸爸见我超过了他，就故意说："怎么啦？是不是要去赶集啊？"说话声中带着一种嘲笑的语气。听了他的话，我的速度放慢了，爸爸居然"见机行事"，借机超了过去。"哼，还不是靠运气超过去的？待会儿有你好看！"我在心里说。我不甘心，想再次超过爸爸，却越爬越累，越走越慢，那双脚也不听我使唤了，大豆似的汗珠从我头上落下来，滴到地上。我咬了咬牙，坚持着往上爬。哦，终于爬到了山顶。放眼望去，那些奇形怪状的石头都在我的脚下了，呈现在我眼前的是一番无法用语言表达的美景。"啊，好一派春天的嫩绿景象。"爸爸脱口而出。虽然我觉得很累，但还是心花怒放！

我们还坐了索道，坐索道的感觉像飞一样，非常好玩。终于轮到我了，看到那钢索一直在转个不停，我心里很紧张，怕自己还没坐上去，那摇篮就溜走了。我怀着一颗怦怦直跳的心，坐上了索道。索道缓缓向前，离开了入口，悬在了半空中。这时，我看见了一片松树林，树上还有一个个小洞，爸爸说，这是松鼠们的家。果然，我看见了一只白肚皮的小松鼠，"蹭蹭"地爬上了树，钻进了一个小洞里。索道很快就到了终点，我和爸爸妈妈一起下了索道。

啊！方岩真美，每一处景色都那么秀美，那么自然。

诸暨市荣怀学校三年级　朱舍逸

名师点评：

> 文章充满孩子气的语言很有意思，加上恰当的动作、语言描写，使文中所描绘的画面更加生动了。同时，文章还能做到详略得当，结尾又能恰到好处地点明中心。这就使得重点更加突出了。还有，小作者能展开合理想象，融情于景，边绘景边抒情，且善于运用比喻的手法，这些都是本文的成功之处。
>
> ——王碧文

四年级

春游牛头山

今天，大家都很兴奋，因为要去牛头山春游了。这可是我们四(9)班春游历史中最远的一次哦！八点多，我们排着队上车了。公交车成了卡拉OK包厢，载着满满一车"百灵鸟"向前驶去。

下了车，同学们叽叽喳喳地闹开了。"牛头山大坝"五个斗大的字展现在眼前。我们迫不及待地爬上坝顶极目远眺，面前是一个巨大的水库，水蓝蓝的，泛着微波，在阳光的照耀下，像有人在湖面上撒了一把碎金子。我心里想："要是我下辈子投胎做条小鱼，生活在这个水库里，肯定整天优哉游哉了。"老师接着要我们集合，一阵忙乱之后，我们排着队去爬山。

山不算高，但我们一个个爬得气喘吁吁。突然，我脚底一滑，差点滚了下去！我低头一看，原来是落叶在跟我开玩笑。继续往上爬，同学们一个个大汗淋漓，都说累死了，但谁也不敢停下脚步，生怕自己掉队。爬到半山腰，不知是谁先喊了一声："看，牛，一只大牛！"循声望去，我们看到了一只公牛的塑像，它正弓着背，俯视着山下，仿佛山下都是他的子民，正恭候着它的命令。再往前走，一头母牛的胯下待着一头小牛，仿佛正在吃奶。我恍然大悟，大声喊："我知道这山为什么叫'牛头山了'。"之后我们又像出膛的炮弹一样"射"向了山下。

一到山下，我们就直奔"水帘洞"。这"水帘洞"也是牛头山的著名景点。我们沿着山脚小路，走过一座座小桥，大约过了十多分钟，我们听到了一阵"哗哗哗哗"的声音。大家循着响声望去，只见一条白花花的瀑布随着山势急速地冲击而下。瀑布的水如飞珠溅玉般撞击着两旁的石头。而瀑布后面，有一个像眼睛形状的洞。同学们异口同声地大喊："哇，水帘洞，水帘洞！我们看到水帘洞了，我们看到水帘洞了！"这时候，整个队伍都已经乱了。同学们争先恐后，一个个忙不迭地钻进了水帘洞。我也跟着进了洞内。洞内很潮湿，里面塑着美猴王和大大小小的许多猴子。孙悟空的前面摆着一张石桌，石桌旁有几把石凳。我心里想："是不是孙悟空觉得牛头山的风景比花果山好，所以就施了一个法术，把水帘洞移到这里来了？"同学们在洞内玩了一会，老师就催我们集合回校了。

这一天过得很快，我觉得牛头山风光确实不错，下次有机会我还要细细去看。

临海市大洋小学四年级　冯芸佳

名师点评:

> 　　文章以清新、活泼的笔调,有条理地记录下了春游过程中的所见、所闻、所感。整篇文章语言自然、纯朴,不乏天真、童趣。如:"公交车成了卡拉OK包厢,载着满满一车'百灵鸟'向前驶去。""我在心里想:要是我下辈子投胎做条小鱼,生活在这个水库里,肯定整天优哉游哉了"等等。全文按游览的顺序写,层次清楚,写出了牛头山的美丽风光和同学们春游时的愉快心情。
>
> ——鲍珍珍

"江山"如此多娇

　　"江山如此多娇,引无数英雄竞折腰……"毛泽东主席的这首《沁园春·雪》写出了祖国大好河山的壮丽。今天,我终于有幸一睹"江山"的美景了,当然此"江山"是衢州的"江郎山"。

　　经过几个小时的车程,终于来到了江郎山脚下。我抬头仰望,三座主峰立在我的眼前,高耸入云。左边的郎峰,体型庞大,真像它们的大哥;中间的亚峰上大下小,犹如天上的宝剑插立在峰间;右边的灵峰上扁下圆,像一个巨大的竹笋直插云霄。三座石峰浑然一体,真壮观呀!

　　我们开始攀登郎峰了。太阳可真大呀!毒辣辣的,真让人受不了。我们一边爬一边擦着汗。不一会儿,我们到了第一个景点:会仙岩。传说曾经有许多神仙坐在这块岩石上聊天,时间一久,就慢慢地把这块岩石给压低了。所以一百六十厘米以上的人都要低下头行走。我们也好奇地在会仙岩下走了一下。走到一半我才发现,这会仙岩的石洞真的很矮,矮得连我这个"矮个子"都要低下头来行走。我看了看后面的大人们,也几乎都是弯着腰走的。最后总算走出了会仙岩。不过我们刚抬头,又看到一个亭子,叫霞客亭。听说大地理学家徐霞客曾三次来江郎山游玩,每次都在这个亭子里休息,因此后人叫此亭为霞客亭。接着再往前走了一段,导游突然让我们转身,要我们往后面的山崖上看。我看见岩壁上刻着几个苍劲有力的红色大字:江山如此多娇。导游说这是毛泽东写的诗句。虽然诗句中的"江山"并不是指"江郎山",但是把这诗句放在这里,是多么应景,这一巧合为江郎山增色不少。

　　我们继续往上爬,火热的太阳并没有吓倒我们。虽然衣服被汗湿透了,可大家的兴致还很高。最后终于走到"一线天"了。所谓的"一线天"其实是连接灵峰和亚峰的一条小道,最宽处四米,极细极窄处,则只能容两个人并排走路。站在"一线天",抬头往上望,天空真的细成了一条线,好像一下子就能把我挤扁似的。峡谷内吹来一股凉风,我不禁打了一个寒战。调整好了情绪之后,我一鼓作气往上爬,居然把爸爸妈妈甩在了后面。经过十几分钟的努力,我最后爬上了"一线天"。

爬到"一线天",就相当于到了"山顶"。景区一般是不让小孩和女的爬"一线天"的。可是我和妈妈都爬上来了。回头望望郎峰,好像郎峰也在望着我。我忽然想到两句诗,便改了一下,成了这样:"相看两不厌,只有'险郎峰'"!我觉得这两句诗用在这里很合适。是的,江郎山太美了,"江山"太美了!

义乌市实验小学四年级　王子越

名师点评:

> 小作者把自己的所见和所感娓娓道来,如行云流水,而且在边绘景边抒情中,妙喻显趣。可见小作者在身临其境时是用心观察的。另外,为了吸引读者,小作者在题目和开头下了功夫,借用了毛主席诗词中的句子,不仅有新意而且很贴切地概括了全文的内容;但更吊读者胃口的是后面一句"当然,此'江山'是衢州的'江郎山'"。习作中引用传说故事也是文章的一抹亮色,使全文平添了几分生趣。　——傅卫庆

美丽的香港,童话的迪士尼

暑假里,我们一家去了香港的迪士尼乐园。

惊险刺激的迪士尼乐园好玩极了。有"小熊维尼""巴斯光年""疯狂过山车""小小世界"等游戏项目。我们坐在小熊维尼的"蜜罐"里,"蜜罐"会自动运行起来。它载着我们飞速向前,眼看着"蜜罐"载着我们差点撞到门上了,我们都惊恐得大叫起来,我吓得脑子里一片空白。我们的尖叫声还没有落,眼前的门却自动打开了。迎接我们的是笑嘻嘻的小熊维尼、小猪、小老虎和猫头鹰。这时候我才发现我的手心里全是汗。告别小熊维尼我们去坐"疯狂过山车"。这是最惊险的游戏项目了。过山车开动的时候,我就已经紧紧地抓着妈妈的手了,车子带着我们时而高飞,时而俯冲,时而翻转,时而突然停止……我觉得我要被狠狠地甩出去了。我晕了,忍不住想吐,我就像怒涛狂浪里的一叶扁舟,颠得我五脏六腑都在翻江倒海似的。下车的时候,妈妈和我是互相搀扶着挪了半天才出来的。这种感觉现在想起来还是觉得

好玩,大概我的骨子里有一种冒险精神吧?不然是没有胆量去坐这种简直能吓破胆的过山车的。

迪士尼乐园是一个童话的世界。有托马斯的小火车、米奇的雪糕,还不时会遇见"米妮"和"花仙子",还有"米奇金奖音乐剧""狮子王剧场"的演出也十分吸引人。热闹的巡游表演吸引了观众的眼球,许多著名的卡通人物都在快乐地唱歌、跳舞,他们还朝我挥手呢!

晚上,最最期待的睡美人城堡的亮灯仪式开始了!大家席地而坐,屏住呼吸静静地等待着、等待着……只见周围所有的灯光先是慢慢地暗了下来,而睡美人城堡的灯渐渐地亮了起来,配合着荡气回肠的乐曲,伴随着各种变幻莫测的造型,我真的觉得睡美人就要从城堡中出来了呢。此时,只听一声巨响,天上放起了绚烂的焰火,红的、绿的、黄的、紫的……有的是花朵形的,有的是笑脸形的,有的是流星雨……伴随着大家的欢呼声,怒放的焰火点亮了美丽的夜空,点燃了每个小朋友心中的快乐!

美丽的香港,童话般的迪士尼世界!真希望有部"时光穿梭机",让我永远生活在这个奇妙的童话世界里,自由飞翔!

杭州市滨江区闻涛小学四年级　杨若巍

名师点评:

> 　　本文从一个孩子的视角,描写了她眼中香港的迪士尼乐园,记述了印象最深的几个场景及游戏。语言流畅,描写生动,展现了童真孩子的视角与想象,洋溢着童稚的热情与理想。尤其是睡美人城堡亮灯仪式的描写,层层推进,逐步到达高潮。同时,文章童趣洋溢,值得一读,的确是一篇让人开心的好文章。
>
> ——杨秀华

四 海山游记

"乳鸭池塘水浅深,熟梅天气半晴阴。"这样的初夏,正是出游的好时光。这样的时光,畅游四海山,再是美妙不过了。

经过两个小时的车路颠簸,我们终于来到了四海山脚下。一下车,映入眼帘的是那无际的麦田。只见大片大片的麦田,黄中点缀着绿,一阵风拂过,整片麦子都弯下腰,似乎在交头接耳地说着悄悄话。远处的树,已经非常茂盛,鸟儿不停地欢叫,太阳照在翡翠般的湖面上,好一派热闹的景象!

爬上山坡,便见到一片碧绿的湖水。我蹲下身去细细看,水里竟是一群小小的蝌蚪。它们浑身黑色，大脑袋后面拖着的小尾巴，一甩，一甩，激起了一圈一圈细细小小的水纹，真像曲谱上颤动的音符。不一会，小蝌蚪四散游去，很快就不见了，你瞪大眼睛张望，清澈的水里只有阳光的影子在晃荡。唉，随它们去吧，这些自由的小生命！随后我用手搅了一下水，站起来，却触到了岸边杨柳的长发。哦！真美！我不由得惊叹，只见阳光透过柳条，投下一片绿绿的浓荫。密密的柳荫似乎静得令人恍惚。此时，我发现又一群蝌蚪浮出水面，这些精灵不时激起一小点圆晕，然后小圆晕又慢慢扩散开去，一点一点就消失了……四周一片寂静！

　　过了好久，我们离开池塘在四周漫步。太阳渐渐西斜，时间已近傍晚，我们决定在这里过夜。于是我们选了一块草地，我和爸爸还有同来的几位朋友一起忙碌起来，很快，帐篷搭好了，我们的帐篷门、窗都朝着高耸的大山，帐篷里面很宽敞，大家迫不及待地"住"了进去。

　　晚上，山上起了风，不远处的山坡上，也传来小动物的叫声。那声音隐隐约约，里面似乎还夹杂着鸟的叫声。听着大自然这美妙的声音，不一会儿，我就进入了梦乡……

乐清市建设路小学四年级　　陈　晗

名师点评：

　　这篇游记，小作者亲近四海山时善于观察，注重体验，他以极其细腻的笔触为我们描绘了一幅"初夏美景图"。全文脉络清晰，根据游玩的足迹，依次描绘了四海山金色的麦田、翡翠般的湖面和破卵而出的蝌蚪这些景和物，全文恰似一曲初夏的交响曲。字里行间所流露出的喜悦，无不让人感受到一颗童心与大自然相处的和谐。　　——刘松燕

五年级

游杭州野生动物世界

　　我常听别人说，杭州野生动物世界可好玩了，那里的动物们可以自由自在地、成群结队地走来走去。于是我趁五一放假，来到了向往已久的野生动物世界，和动物们进行了一次亲密的接触。

　　一进门，我就看到了一只怪东西，它既有羊的身体，又长着骆驼的头。啊！原来是驼羊。驼羊很害羞，像个"胆小鬼"，还没等我看清楚，一转眼就跑得无影无踪了。

最让人忍俊不禁的要数骆驼了：一大群的骆驼悠闲地在路上走过来走过去，浑身的皮毛上粘满了草根和泥浆，鼻子里总喷着粗气。可是大骆驼一点都不嫌自己脏，直挺挺地站在路边，任别人给自己拍照，一副王者气派。而淘气的小骆驼则站在路旁，等轿车开过来，就马上把头伸进车窗，看大家有没有给它带了好吃的东西，真馋！我等小骆驼把脑袋伸进车窗，赶紧把事先预备好的菜叶塞进了小骆驼的嘴中，小骆驼高兴得直把头往我身上蹭。

最健壮的动物要数犀牛了。你看，滚圆的身躯，短粗的四肢，厚厚的皮肤，再添一层厚厚的泥巴，可见，这家伙这么大个却还喜欢在泥地里打滚。犀牛鼻梁上一前一后长着两只犄角，外表看上去好像很威猛。但其实，白犀牛性格很温柔。我小心翼翼地靠近这庞然大物，用手去摸它的皮肤，感觉十分粗糙，但坚硬无比，怪不得有人称它为"穿着铠甲的勇士"。

动物世界中最招人喜爱的要数"小香猪了"。因为它只有三十厘米长，所以又称"迷你猪"。刚看了几千斤重的白犀牛，所以对眼前的小不点还真有些不习惯，觉得它们长得实在是太小巧玲珑了。你看，一个圆溜溜的大肚子，一条卷卷的小尾巴，而且胃口超好，你给什么就吃什么，一点都不挑食。听说，有一只小香猪由于太嘴馋，吃得太多，长得太肥，五十多斤的体重把小腿给压折了。

在神秘而又有趣的野生动物世界，我感受到了清新自然的生态环境，领略到了野生动物的野趣盎然，体验到了人与动物的和谐氛围。杭州野生动物世界，我明年还要仔仔细细地来看！

仙居县安洲小学五年级　王含颖

名师点评：

这篇游记小作者观察仔细，描写细致入微，善于抓住每种动物的特点来写，如写驼羊突出它的"胆小"；写骆驼，突出它的"可爱"；写犀牛，突出它的健壮与温柔……再加上语言生动形象，所以，小作者笔下的这些动物，虽然着墨不多，但栩栩如生，呼之欲出。我们读着这篇充满童真童趣的文章，好像自己也与小作者一起在游动物园一样。

——戴益芳

石 夫 人

春节期间，我们一家去温岭游玩。

由于时间紧促，我们只游玩了两个地点：一个是东辉阁，另一个是锦屏公园。

这两个地方都没有给我太大的印象。但是，驱车回家的时候，我看到远处的山上有一块很大的石头，中间细，上下粗，看起来就像个人头。这块石头马上激起了我的兴趣。

"那是什么？"我指着那块石头问爸爸。"那是石夫人。"爸爸回答道。石夫人？我仔细地看着，越看越像：那石头中间较细的就是石夫人的脖子，石头上方就是石夫人的头，石头的下面则是石夫人的胸部。再看这块石头，真是栩栩如生。

看着看着，我不禁浮想联翩：石夫人站在这么高的地方，是想俯视温岭，还是想一睹无边无际的东海？在想象的同时，我也不禁感叹这大自然的神来之笔，大自然真是世界上最伟大的艺术家！

回到家，我上网查询石夫人的资料，发现还有一个关于石夫人的传说：石夫人的丈夫出海捕鱼，遇上了风暴，于是，她就来到山顶，眺望海面，想寻找丈夫的身影。日复一日，年复一年，她就变成了石头。

看着看着，我不禁想象当时的情景：这位夫人站在山顶，眺望着远处的海面，寻找着丈夫的身影。她的心情是那样急切，眼神是那样惆怅……

巍巍独立向江滨，四畔无人水作邻。

绿鬓懒梳千年髻，朱颜不改万年春。

雪为腻粉凭风敷，霞作胭脂仗日匀。

莫道面前无宝镜，一轮明月照夫人。

宋代诗人詹会龙为其作的诗，写出了石夫人的美丽和凭海远眺，期盼丈夫归来的感人情景。读后让人敬佩不已……

台州市椒江区实验小学五年级　斯　扬

名师点评：

这篇文章立意深，题材新，撇开纯粹以移步换景来写游记的老套路，也没有浓墨重彩地描绘石夫人的奇特美景，而是别出心裁以景点的形象描写为切入点来引出题意，结尾再巧用古诗折射出石夫人的秀美动人和她对爱情的坚贞，既增添了文章的文学韵味，又提升了文章的主旨内涵。

——陶慧君

六年级

难忘的哈尔滨之旅

这次,我们乘飞机,飞往我梦寐以求的哈尔滨。

三个小时后,飞机降落在哈尔滨机场,虽然用衣物将自己裹得严严实实,但毕竟是零下二十多度,冷得我发抖。我们到达时夜幕降临,但一行人还是先去看了远东地区最大最富丽堂皇的索菲亚教堂,然后入住哈尔滨大酒店。

第二天一早用完早餐,我们便驱车前往亚洲最大的滑雪中心,车程三点五个小时。我便在大巴车上欣赏起沿途的雪景,我看见那像柳絮一样的、像蒲公英一样的雪,纷纷扬扬从空中飘洒下来。透过窗子向外看,不论是树、花、草,还是山、石头都被盖上了一层厚厚的雪被子。天地间,只有白色,那一望无际的耀眼的白色。我的心被深深地震撼了,很自然地想起了爷爷教我的那首毛主席写的《沁园春·雪》:"北国风光,千里冰封,万里雪飘。望长城内外,惟余莽莽……"是啊,北方的冬天太美了,美得让人目不转睛,找不到合适的词来形容。

上午十点半左右,我们来到滑雪场。费了好大的周折,我才穿好了滑雪专用的雪板和雪鞋,那雪鞋可重了,连走路都有困难。我想要是刘翔穿上它去比赛,说不定连一个栏都跨不过去。而服务员却还要我再拿上滑雪杖。这样一来,我连在原地蹦一下都做不到了,我心里想:"真是要命,我这个样子还能滑雪吗?"不过,后来在教练的帮助下,我终于还是学会了刹车和在平地上滑行。这让我惊喜万分。

而此时,雪却愈下愈大,我的眼睫毛上也早已结了一层硬硬的白霜,围脖上竟出现了小小的冰块。吸鼻涕的时候,鼻子里黏糊糊的,难受极了。教练说那是因为鼻涕结冰的缘故,吓得我立马把口罩戴上。接下来我们爬上一个小山坡,教练说要带我们从山坡上滑下去。我听了又高兴又紧张。为了安全起见,教练先让我们在一个比较平坦的地方小心翼翼地学着在雪地上滑行,也不知道是谁的雪板压着我的雪板了,害得我重重地摔了一跤,当我正要起来时,发现笨重的装备害得我连站都站不起来了,没办法只好让教练来扶我。经过一段时间的练习,最后我终于在教练的帮助下跌跌撞撞地滑到山下。虽滑雪的速度很慢,也不算太刺激、太惊险,但滑雪中那种摔倒再滑,再滑再摔,再摔再滑的感觉却不错,因为它让我感觉到了"坚持"的美妙!

两个小时以后,我们又去了双峰林场。我们在那里坐马拉爬犁上山。马拉着我们在雪地里一边跑,一边不停地摇晃尾巴。而马夫是一边吆喝,一边抽动马鞭，马蹄甩出的雪时不时地落在我的鞋子上。走着走着，马突然停下来了。"出了什么情况？"我不安地问。马夫说是遇上"土匪"了。"啊，真的？土匪！"我吓了一大跳，我长这么大可还是第一回遇上土匪呢！此时，只见两个头戴"丝袜"的持刀"土匪"朝我们走来，他们还用极其严肃的语气和我们说话，还把"刀"架在我的脖子上，这可吓死我了。不过还好，爸爸笑着给了他们一包烟，说权当是过路费，这样，"土匪"才放了我们。后来我们才知道，这不过是一种预先安排好的娱乐游戏，但当时的那些"土匪"还真像电影里演的那种土匪，气势汹汹，蛮不讲理。

我们在哈尔滨一共玩了三天，尝过了好多种东北的饺子，还睡过大大的农家土炕，我和爸爸、妈妈、姐姐睡在一起，又热闹又好玩。土炕下整夜烧着火，非常暖和。尽管外面冰天雪地，可屋子里却像我们杭州的四五月份一样。第四天早上，我们乘飞机飞回了杭州。可我的心还留恋着哈尔滨。真的，哈尔滨太好玩了，我尤其喜欢冬天的哈尔滨。

杭州市滨江区闻涛小学六年级　王敏源

名师点评：

> 哈尔滨之旅带给小作者无限的惊喜与美妙，回家之后她仍回味无穷，于是，有感而发写下这篇随笔。高兴又紧张的滑雪，坐马拉爬犁上山时的"惊险"经历，吃饺子、睡土炕，详略安排得当。自然质朴的文字中透着无比的兴奋，贴切真实地表达了自己的感受，毫不矫揉造作，是游记中的上乘之作。
>
> ——曹璐

东坪印象

一年前，到过东坪——那个偏远的小山村。一想到那里，脑海里浮现出对东坪的深深的印象。

印象一：古道

说东坪，不得不说古道。古道据说在唐朝修建，有1200多年的悠久历史。古道是由石条一块一块铺成的，共1144级台阶。在历史的岁月长河中，这些石头经历了一代又一代人的踩踏和岁月的打磨，石头有的裂了，有的风化了，有的显出一种历经沧桑的感觉，岁月的无情让它们早已失去了当年的面貌。整个古道成一个"丰"字形，不到几米就有一个拐角。不停地拐弯让我不一会儿就累得气喘吁吁，额间也渗出一滴滴汗珠。不过，想起1000多年来,东坪村人就凭借这一条曲曲折折的石道与外界联系,也正是这一条古道,见证了千百年来数十代人的交替,不禁让我肃然起敬。

印象二：古树

"东坪有古道,古道年岁长。"何以为证?古道一旁那参天的古树可做证。这些树个个都是"长寿老人"。据考证,它们中年龄最大的比古道的年龄还长,长达1500多岁!它们生根在古道的崇山峻岭中,一棵棵树像虎背熊腰的巨人,即使最小的一棵,也要两三个人才能抱得过来;稍大一些的古树,则至少需要五六个人才能围住。据说,这里的山民上树摘樟树籽,也要借助梯子才能爬到又高又粗的树干上。

东坪的古树,不但年岁长,高大,粗壮,而且数量多,村前、村后、山上、山下、古道边、溪坑旁,到处都有。

印象三：红枫

早吟过了"停车坐爱枫林晚,霜叶红于二月花"的诗句。东坪红枫见证了此诗。我去东坪时正赶上深秋,红枫随处可见。它们像一棵棵火树直立在路旁,那树枝上一簇簇红叶宛如一丛丛燃烧的火苗,漫山遍野都是醉人的红色。风一吹,飘飘洒洒的,稀稀疏疏的枫叶在树枝间舞动。真是"东坪江山一片红"!凋零的枫叶被我踩在脚下,不时发出沙沙声,满地的枫叶有的红似火,有的已经渐渐发黑……我走在古道上,踩着一片片红枫叶,悠闲的似乎是在独自散步,优哉游哉的。

印象四：红柿

衢州之柿以峡川出名,峡川之柿又数东坪最佳。在东坪村中,到处都是柿子树,虽然我去时已不是采摘柿子之旺季,但仍可见有许多红彤彤的柿子挂在枝头,像一个个小巧玲珑的红灯笼。吃一口尝尝,一股涩涩的味道从舌尖而入,不过还是挺甜的。

"东坪之美不在言,在乎山水之间也。"我觉得正是因为拥有了这些山水美景,现在才让这个躲在深山的小山村充满了别样的魅力。

衢州市实验学校六年级　姜润南

名师点评：

也闻东坪之名,印象甚为模糊。今日拜读此文,东坪景物似在眼前。千年古道如德高望重的老者,枫叶之红不亚于杜牧那晚秋山间的意外收获。《东坪印象》文笔清新,行文自然,在观察角度、材料取舍、谋篇布局和文笔行运上有一定巧妙精到之处。

——刘绍光

仙居之旅

天放亮了，雪积得厚厚的，天很纯，很高傲，它白得透亮，感觉是冰凉的。云不配它，风不配它，只是单调的白色，看不到尽头。我们要踏雪去旅行。仙居的仙人居，这可是神仙居住的地方！

车子逆风，我们看到的雪，不是成片落下来，而是冲击着顶风玻璃，用一丝力气贴紧着，又被风吹化，吹向周围。愈来愈多的雪片飞来，它们如蝗虫般密而多，聚拢，又分散。纯洁的白色精灵这会儿发疯了！

一路驶来，已近黄昏，灰白一片，苍茫无边。很快，天就黑下来了，却没有月光的照耀，群星的衬托。车速慢下来，在昏暗天空的背景下，漫天飞舞的，依然是雪。

第二天，天气很好，有舒服的阳光。我们来到仙人居门口，我发现，昨夜的雪还没化！

神仙居，绝对非小家秀丽之景。最值得一提的便是"飞流直下三千尺"与"甲光向日金鳞开"的景色。这便是日下岩、松间瀑最像仙境之地：空中已有云雾，山半遮半掩，特拔云见山，真是高耸突兀，雄壮而不失秀丽，高挺而不失协调。又加上正是艳阳下，山面如玉石般平整光滑，因此形成了一面金光四射，一面阴冷无风、云雾环绕的奇景；远处有山涧之鸣，细听却是水瀑，一泻而下，溅起水花。胆大的，接水取乐；胆小的，近观远眺。瀑布从上至下，无孔不入，共有十多个吧！但愈往上，山势愈奇愈陡，往下看，像置身于天宫，双脚打战，不得不打退堂鼓，就此告别仙人居。

回到车上的时候，已是正午。往上看，松叶荫荫，随风摆动，缝隙间一束金光，亮得我睁不开眼。我们又继续上路，向景星岩出发。

这景星岩也有个来头，它是《霍元甲》《功夫之王》《越王勾践》的拍摄地，远观如一块四方巨石，直插云天，立于山下小坡之上，山势突兀，地处高、险之地。手可摘星，因此得名景星岩。

我们顺着盘山公路蜿蜒而上，但路势渐陡，竟有四十五度的急转弯或与之平行的路。耳边已有轰鸣。由于山的地势高，阴面雪未化，阳面春暖花开，而阴、阳交接处，却宛若秋天。三景合一，真乃妙极！未到主峰，这里的景就如此之美，可想景星岩之奇了！

依着景星岩之下盘山公路的起伏不定，我们来到了景星岩的大门，往上扶梯子看，身在云端！

可能是由于地势过高，景星岩设置了电梯，可直通山顶，而在山顶往下看,景观就大不相同了:原本较宽的公路在草树遮掩下小若羊肠,远处奇山壮景,脚下空空,雪盖山头,露出纯净柔和的绿,忽见一湖,映照于群山之下。仿佛自己也是一座山,巍峨挺拔,远眺万物,唯我独尊!

往里面走,雪过膝盖,抓一把雪,细细欣赏它复杂而奇妙的构造,它和我们画中的雪花不同,它是生动的,富有生命力!

许多水池结了厚厚的冰,在冰上有着几株草,也许是水草吧!它们翠绿的颜色使人察觉到春天的来临。景星岩真美!不管是大景色还是小景色,一样让我感兴趣!

仙居之旅结束了,但那儿美丽、神奇的景色让我回味无穷。

玉环县环山小学六年级 赵洪铭

名师点评:

> 这篇游记,语言清新,富有趣味,写出了神仙居的奇景幻境,给读者带来了阅读的愉悦和心灵的体味。小作者从游览中体悟到大自然的神奇,渗透在字字句句中。只有"用心去游览"才能让美更美,才能与自然万物产生相惜之情。这些让人回味、咀嚼,也丰富了文章的内涵。
>
> ——钟雪姬

植物园探梅

"疏影横斜水清浅,暗香浮动月黄昏。"正值赏梅时节,我和同学们在老师的带领下,踏着晶莹剔透的晨露,迎着金色的阳光,去杭州植物园探梅。

一路上我们欢歌笑语,绕过风光旖旎的西湖,穿过林荫大道,高兴地来到了杭州植物园。只见植物园外绿草如茵,一片碧色上托着星星点点的小花,异常可爱。边上是一块镌刻着"植物园"字样的石碑。迈着轻快的步伐,走在园林的小石径上,我们隐隐约约嗅到了梅花的幽香,沁人心脾,令人神清气爽。原来,不远的地方就是园中的"竹月楼"。那是一个用翠竹编成的圆竹楼,竹楼边陪衬着蜡梅、红梅、粉梅、白梅等各个品种的梅。楼中是一株艳丽婀娜的老红梅,可谓是鹤立鸡群。这株千年红梅,扎根深深,根部肥大,枝条姿态婀娜,略带傲骨之气,花朵娇艳柔嫩,黄蕊点点,如同无瑕的红玉中镶的金子。小奶黄色的小花儿如同羊脂玉,那颜色,好似在流动,正是鲜艳欲滴哪!

走出圆竹楼,我们继续沿着石头小路前行,路边时有梅花点缀,路上赏梅之人不绝，相机闪烁。我们到了梅园，果然名不虚传。梅园里，梅树连片，似珠玉华贵，似夕霞艳丽。微风掠过梅树，梅香扑面而来。诗说"梅须逊雪三分白，雪却输梅一段香"，的确如此。

这时，一阵风吹过，有的梅花瓣忽然簌簌飘落。这梅花瓣在空中飞舞，十分的飘逸。在我看来，"梅景"比雪景更美三分。因为梅颜色温婉柔美，而且颜色丰富，不同品种的梅有不同的颜色。看，那粉梅粉中带白，如娇弱少女，大方略带羞涩；白梅一片纯白，冰清玉洁，晶莹无瑕；红梅，嫣红无比，犹如俏丽新娘；蜡梅，通体金黄，色泽光润。我们穿梭在这些梅花丛中，真有说不完的惊喜，道不完的情趣。

走出梅园，我们觉得梅香似乎仍黏附在我们肤体上。初春探梅，真是别有一番情趣。

杭州市大关小学六年级　卫嘉艺

名师点评：

> 这是一篇优美的游记，小作者文笔流畅，景色描写细腻，想象丰富奇特，词汇丰富，用词准确优美，引用贴切，写出了梅花的形和质。
>
> ——周华

活学活用应用篇

思考中……

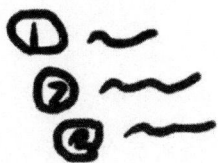

关联教材　日积月累

生活处处是语文。小学教材里，已经涉及了多种应用文：三年级的观察日记、四年级的导游词、五年级的缩写、六年级的竞选稿等等。

三年级（上）第四单元习作：你把观察到的事物写进日记里了吗？让我们交流一下各自的日记，听听同学的意见，再写一则观察日记。要观察自己最感兴趣的，要写自己最想写的。写好后读给同学们听，看谁在观察中有新的发现。

真题呈现　小试牛刀

森林里有一只小鹿叫欢欢，他可是一只聪明、活泼又顽皮的小鹿。他天天在森林里自由自在地玩耍。有一天……

有什么故事发生呢？请你以《欢欢的故事》为题继续写下去。要求：先把题目、开头抄下来，再充分发挥你的想象，把故事编下去吧。看谁编的故事更有趣！

——三年级（上）舟山市普陀区期末统考

点滴技法　友情快递

1.熟悉各类应用文的格式要求，严格按照不同应用文的不同要求写。

2.应用文在日常生活中应用广泛，有些应用文，如借条、请假条之类，格式、写法简单，可利用日常学习训练。

3.应用文的语言要求准确、平实、简明扼要。

4.读后感，就是读了课文或某部作品后，联系自己的思想、生活所谈的认识与体会。写作时，重点应该写自己的认识与体会，不可过多引用原文。

5.续写作文，续写的部分不能与原作相矛盾，续写的语言特色也要与原文基本保持一致。

名校范文 快乐分享

三、四年级

刺猬周记

6月6日　　星期一　　天气:晴

放学了,我刚走到校门口,平时爱和我开玩笑的传达室爷爷就拦住了我,神秘今兮地对我说:"厉宇菲,我给你看样好东西。"说完,不由分说就把我带到传达室的后面。传达室的墙角放着一个塑料桶,上面还盖着盖子。爷爷小心翼翼地掀开盖子,只见塑料桶里躺着几只奇怪的小家伙:老鼠般大小,尖尖的脑袋,最奇怪的是它们身上都长满了又尖又长的刺。小家伙看见有人来,连忙把身子缩成一团,趴在那里一动不动,可爱极了。爷爷笑嘻嘻地告诉我,这是小刺猬,是他上周在山上干活的时候抓来的。

爷爷送了我一只,我如获至宝般把小刺猬带回了家,找了一个纸箱给小刺猬做了温馨的小窝。我把自己爱吃的苹果放在纸箱里,给它当食物,还给它倒了点牛奶。

6月7日　　星期二　　天气:阴

早上醒来,我顾不得穿衣服就跑到阳台上看小刺猬,想和它玩一会儿。可当我满心欢喜地打开纸箱,却立即傻了眼,只见纸箱里苹果和牛奶还在,小刺猬却不见了踪影。我连忙叫醒了爸爸妈妈,把家里的角角落落都找了个遍,可就是没有小刺猬的身影。我心情郁闷地吃完早饭上学去了。

6月10日　　星期五　　天气:阴

晚上妈妈收拾房间,在电视机后面发现了一团黑乎乎的东西,以为是老鼠,吓得哇哇大叫。爸爸赶来一看,竟然是我失踪了三天的宝贝——小刺猬,爸爸用筷子小心翼翼地把小刺猬夹了出来。怕它再次逃走,我把小刺猬放在家里的水桶里,还高兴地喊了几声"爸爸万岁"。

6月11日　　星期六　　天气:雨

今天,小刺猬怎么啦?它静静地躲在水桶里,一动不动,我用小棒逗它,它也爱理不理。我问爸爸,爸爸也不知道,我想小刺猬也许是想它爸爸妈妈了。

6月12日　　星期天　　天气:晴

今天终于晴了。一大早,我们开了车,带上小刺猬回到了它的老家——罗店狮子山脚下。我们找了一个偏僻的草丛,将小刺猬放进去,然后悄悄地走开，躲在一边远远地看着。刚开始，小刺猬还愣愣地待在那里，时不时转头往后看，后来也许适应了，慢慢地往山上爬，直到从我们的视线里消失。我哭了，不知道是因为高兴还是伤心。晚上我做了一个奇怪的梦，梦见小刺猬带着它的小伙伴回来看我，还用它的刺带来了我最喜欢吃的苹果。

金华市南苑小学三年级　厉宇菲

名师点评：

　　小作者虽然与小刺猬只相处了短短的一周，但对小刺猬的喜爱之情在文中已溢于言表。从初识时的如获至宝，到失踪时的心情郁闷，从不吃不喝时的心急如焚，到放归自然的悲喜交加，小刺猬的一举一动已牵动家庭所有成员的心。结尾小作者梦见小刺猬回来看她，还带来她最爱吃的苹果，正是整篇文章主题的升华。

——陈肖霞

可敬的蚂蚁

9月24日　星期六　阴转小雨

今天下午，我在爷爷家门口，放了几块饼干碎片在蚂蚁的必经之路上。

起初，饼干安然无恙，没有受到蚂蚁的"关注"。后来，一只小蚂蚁爬了出来。它绕着饼干转了几圈，还向四周警惕地张望，好像怕别人抢走它的东西似的。

过了一会儿，蚂蚁走了，大概是回洞去找"援兵"帮忙了吧？哈哈，不久，蚂蚁军队果然大步流星地向饼干进军了，多么威风！只见它们迅速地向饼干四周爬去，遍布了饼干的每一个角落。很快，有几只小蚂蚁就从饼干上爬下来了。我仔细一看，哦，它们的背上都已经驮着重重的"战利品"（饼干屑）了。

此时，搬饼干的蚂蚁已汇集成一支大军了。它们来来回回，没有一只偷懒的，我看它们这样一趟趟辛苦地来回，心里也有些不解，心想，凭你们这样的力量，这些饼干要什么时候才能搬完啊？

就这样到了下午五点，我又一次来到放饼干的地方。只见那些蚂蚁还在不停地爬呀，搬呀，搬呀，爬呀，忙得不亦乐乎，我真的被它们感动了。

我似乎能听到它们的喘气声，仿佛能看到它们挂在脸上的汗滴。我有点后悔自己当初不应该放这么多的饼干。不然的话，也不至于让它们劳动到现在也没的休息。我再仔细观察这群蚂蚁，看不出谁是领导，也看不出谁是爸爸、妈妈,它们全都一般大小,都在匆匆忙忙地一起出力。它们是那样团结,那样齐心协力。哦,蚂蚁是我们的榜样,我心里想。

天渐渐暗下来,我不知道晚上蚂蚁们是否开夜工,反正第二天早上我去上学时再去看,碎饼干一点也没剩下了。

可敬的蚂蚁!

仙居县第一小学四年级　　应家莹

名师点评:

> 　　虽然这是一篇小日记,但是从字里行间我们可以感受到小作者是多么认真地在观察。同时,在这样的观察过程中,孩子的身心已经与那小小的蚂蚁融为一体了。她听到了蚂蚁的"气喘吁吁",似乎也看到了蚂蚁脸上的"汗滴",她为蚂蚁们如此勤劳而感动。小作者能观察,能思考,能这样有头有尾地记叙一件事情,难能可贵。　　——潘利斐

忠心义胆真挚情

——读《我们一起走,迪克》有感

周末,我阅读了动物小说大王沈石溪的《我们一起走,迪克》这本书,感动不已。在凄婉跌宕的故事中,我读到了小狗迪克对主人坚贞不渝的忠诚,也读到了人犬之间真挚深厚的友情。

迪克——一只相貌奇丑的狗,3个月大时被主人遗弃在森林里。迪克的主人——少年阿炯,自幼父母离异,后又双目失明,嗜酒暴躁的父亲和恶毒习钻的继母让他稚嫩的心灵伤痕累累。一次偶然的机会,迪克和阿炯成了形影不离的伙伴。从此,小狗迪克与阿炯同病相怜,相依为命,迪克对阿炯赤胆忠心,阿炯也对迪克倾注了所有的感情。

迪克对主人阿炯忠心耿耿、不离不弃。一天,阿炯不堪家庭折磨,决定去寻找自己的生母。迪克义无反顾,带上爱妻陪着他踏上千里寻母之路。他们在翻越雪山死林时,找不到可以吃的东西,面临着死亡的威胁。迪克的爱妻红娜心生恶念,想吃掉阿炯填饱肚子。为了阿炯,迪克不惜忍痛割爱,大义灭妻。后来,他们好不容易找到生母,可生母却不肯相认。天寒地冻中,身无分文、居无处所,阿炯病倒了。迪克无怨无悔,不离不弃,忍屈辱、受折磨,想尽一切办法照顾着阿炯。

一遍遍地读着这个故事,我的心在发颤:一只被人们视为灾星异类的丑

狗，却这样无私无畏地回报着主人。它忘了自己的苦楚和磨难，它的心中只有小主人的苦楚与磨难，这是怎样的忠心啊！

　　迪克也是阿炳唯一的温暖。当阿炳凭借出色的二胡水平被招进剧团，被迫与迪克分开后，虽然他过着锦衣玉食的生活，但无法冲淡他对迪克的思念。在迪克反抗老板爱犬的欺负，面临被老板杀掉的危急时刻，阿炳冒着生命危险偷偷解开铁链救了它。两个相依为命的好伙伴，又义无反顾地逃出牢笼，开始了新的流浪。为了迪克，阿炳放弃了宽大的舞台和掌声；为了迪克，阿炳放弃了稳定的生活和辉煌的事业。他放弃的是自己，不能放弃的是迪克。这是怎样的无私啊！

　　读到这里，我热泪滚滚，心潮澎湃。人和犬之间真挚的友情和温暖感动了我，那顽强地与命运做斗争的精神鼓舞着我。

东阳市实验小学四年级　徐柯烜

名师点评：

　　作者准确、全面地把握住了《我们一起走，迪克》这本书的核心内容，抓住令自己感动的文字阐述自己的观点。既描述了小狗迪克对主人坚贞不渝的忠诚，也描绘了人犬之间真挚深厚的友情，更抒发了自己阅读后的感想。这里的"感"，既不是离开原文的空发议论，也不是对原作内容的简单重复，而是作者在原作思想观念的启迪下产生的新的观念，是心灵的闪光，是认识的飞跃。整篇文章真挚感人，读后令人忍不住也有读一读此书的愿望。

——楼吕霞

《小木偶的故事》续写

　　这一天，小木偶正开心地在街上溜达。忽然，人群中闪出几个月前骗走他书包的小红狐。瞧，他背着个红书包，多神气！小木偶大声喊道："骗子，抓骗子！"这时，小红狐也看见了他，就赶紧跑。小木偶拔腿就追，小红狐使劲跑，可他哪跑得过小木偶的木头腿呀！小木偶一把拎住小红狐的领子，把他往派出所拽。

　　一路上，小红狐不停地挣扎、喊叫，引来了许多小动物，当然还有那好心的婆婆和善良的小兔。很快，小木偶把小红狐拽到派出所。一片闹哄哄的声音把熊警官从睡梦中唤醒。熊警官问："你们怎么了？为什么争吵？"小木偶涨红着脸说："这红书包是我的。"小红狐也不甘示弱地说："是我的。""我的!""我的!"……"有什么证据说是你的?"熊警官慢条斯理地问。小红狐大声说:"这书包我一直背在身上,大家都可以做证。""是的,我早几天就看见小红狐背着这红书包了。"老婆婆说道。"我说嘛,这是我的书包。"小红狐得意地说。"这书包是我的。是他从我这儿骗走的!"小木偶委屈地说,"不信,你们可以找老木匠问问,这是他送我的礼物。""这个……"熊警官挠挠后脑勺。"行,你们当中谁去请老木匠?""我去,我是飞毛腿。"小兔自告奋勇,拔腿就跑。小红狐见架势不对,马上开溜,熊警官一把拉住:"不能走!""这是我的,我还有事,不奉陪了。""不能走!"众动物齐声说。

不久,小兔请来了老木匠。小木偶一见老木匠便呜呜地哭了起来。老木匠摸摸小木偶的头说:"孩子,别哭。让我看看这书包。"熊警官从小红狐身上拿下书包,老木匠仔细地翻看着书包,指着书包的夹里说:"大家请看,这是小木偶的,我怕他把书包弄丢了,特意在这里画上一个小小的木偶和一个老木匠。"熊警官接过书包仔细看了看,真的有一个木偶还有一个木匠。熊警官大声地说:"这个书包是小木偶的。"小红狐一见,马上就逃,熊警官一把扭住:"哪里逃?"小红狐连连求饶。大家一致要求把小红狐送去关禁闭,反思。老婆婆对小木偶说:"真对不起,我刚才还以为你是骗子呢!""没关系,不知者无罪嘛。"小木偶说。

老木匠牵起小木偶的手说:"走,回家!""噢——,回家啰!"从此以后,小木偶与老木匠一起快乐地生活,学会了好多木匠手艺,成了一个远近闻名的小木匠。

天台县平桥镇中心小学四年级　王　昕

名师点评:

> 　　续写是孩子对童话故事的理解和延伸,是孩子思维灵光的体现。在这篇作文中,小作者能沿用原文的叙事语气,做到对话生动、情节合理、思路清晰,对于一个四年级的孩子来说,实在是难能可贵。
>
> ——王敏华

五、六年级

惊魂之夜

夜,黑了。

地球上的最后一个人独自坐在房间里。这时,忽然响起了敲门声"当当当当……"

他忽地一惊："谁啊？"话一出口，又马上意识到：错了，错了，不是人啊？"什么东西？"他小心翼翼地打开门，可是屋子的外面什么都没有。他大声喊道："什么东西？快出来！"只听风猛烈地刮过树梢，"哗哗、哗哗"。天空阴沉沉的，那不是正常的黑色，好像要压到他的头上。一只不知名的鸟站在树梢上，不怀好意地叫着："嘎嘎、嘎嘎。"

"轰隆隆！"天空一阵电闪雷鸣。他吓得浑身发抖，上牙和下牙不住地摩擦起来："好冷，好冷啊！"随即，他掩上门，转身便逃，跌坐回沙发上。风放肆地吹，门被吹得一进一出，"咣啷、咣啷"。他后悔得揪着自己的头发，后悔自己刚刚没有把门关紧。怎么办？他焦急不安地闭上眼睛："幻觉，这难道是幻觉吗？"他默默地想着。耐不住强烈好奇心的他，又鼓起勇气，再次来到了门边。

他不敢看，可还是忍不住，偷偷地眯着眼睛看。只见一棵树像被施了魔法一样越长越高，越长越高。不一会儿，便顶到了天上。原来，敲门声是树藤鞭打门时发出的声音。他忽然惊醒，门外本是一块平坦的草地，这棵树是怎么来的呢？顷刻间，那棵变异怪树占据了门前整片草地。现在，那片土地上，除了这棵树，一片光秃秃了。

树还在越长越高，越长越粗。"到时屋子可就要被怪树所吞没了啊！"他忧心地想着，难道今晚是我的死期吗？我就这么不明不白地离去？而凶手就是这样的一棵树……一连串的疑问，瞬间奔涌而出。"不，我不能坐以待毙。"他对自己说，"可我又该怎么办呢？没有谁能救我了？"百般无奈下，他壮起胆，朝那棵树走去，他想看看这棵树的源头。

准备好一切装备后，他脚踏雷达超音速鞋，0.01秒后，到达了这棵还在不断生长的大树边。他停落在这棵大树的叶片上，惊魂未定地进行查找……

天台县第二实验小学五年级 张嘉晨

名师点评：

"地球上的最后一个人独自坐在房间里。这时，忽然响起了敲门声……"本文是对这篇科幻小说情节的续写。小作者用荒诞和夸张的手法，写出了"地球上的最后一个人"听到敲门声后的心理和动作，从而形象地刻画出"他"当时极端恐惧和无助的状态。文章结尾的一串省略号，带给读者的是无限遐想，也说明小作者的想象十分丰富，留下了一个悬念十足的结尾。

——陈素萍

我把春天告上法庭

尊敬的法官大人：

您好！

春天在大多数人心中肯定是个美好的季节,但今年的春天却让人们的心情停留在寒冷的冬天,开心不起来。因为春天一反常态,胡作非为,犯下了不可饶恕的罪行。所以,我要把春天告上法庭,请法官大人还给我们一个美好的春天。

下面是今年春天犯罪的三大事实,请法官大人裁决。

事实一：太阳神秘失踪

大家盼望的春天是阳光灿烂、百花齐放、百鸟争鸣的。但是今年太阳神秘地失踪,春天迟迟不来,我认为肯定是春天把太阳绑架走了。法官大人,您可知道,没有了太阳,我们的生活像是在地狱！冰箱里,食物三五天就得发霉；厕所里,地面湿漉漉的,同学们摔了许多次跤；耳朵上,冻疮猖狂地作乱；地面上,比冰面还要滑十倍；土壤里,花朵迟迟不醒；鸟巢里,鸟儿不敢展翅……法官大人,您一定得为我们做主啊！您说,这难道不苦么？这难道不令人烦恼吗？

事实二：寒风凛冽刺骨

法官大人,您知道春天的风是怎么样的吗？我想春天应是暖风习习的。古诗云:"吹面不寒杨柳风。"但是今年春天寒风刺骨,风声很大,把窗户关上都能听见外面呼呼的风声。学校窗户关得紧紧的,忽然,一阵大风呼啸而来,窗户"唰"的一声打开了。走出门,我们必须得把自己的头包裹得严严实实,只留两只眼睛……一到体育课,脱掉外衣,那寒风便对我猛烈攻击,不穿棉衣对付不了。风还吹断了刚种下去的小树的树枝,吹得满天都是黄沙,人们出门都得戴上口罩。您说今年春天的风烦不烦人？

事实三：阴雨天天光顾

法官大人,"春暖花开"这个词语您总听说过吧？可是今年春天,"春暖"了没有？"花开"了没有？反正今年春天不是阴天就是雨天,不是大幅度降温就是小规模降雨,连我这种不看天气预报的人都觉得自己可以当气象专家,预测明天的天气情况了。连月的阴雨,使得道路积水难行,操场潮湿无法运动,害得学校里都不敢出操了,同学们几乎忘了操该怎么做。不运动,感冒的人也就多起来了。前几天,我擦鼻涕的纸巾就用了 N 包。法官大人,长此以往可怎么得了呢？唉！春天啊春天,你为什么那么让人烦恼呢？

法官大人，以上就是我告春天的三个理由，请您主持公道，还给我们一个美好的春天吧！

祝

身体健康！

衢州市实验学校五年级　杨士祺

名师点评：

本文以新颖独特的形式，写出了自己对春天的真实感受。小作者以孩子的视角来描写春天，不落窠臼，而是将目光放到了现实生活之中，通过春天几个方面的特征与今年春天实际情景的对比，让人对春天的行为感到啼笑皆非却又对正常的春天充满向往。文中巧妙引用诗句、成语，语言风趣，描写细腻，使文章读来亲切感人，极富儿童生活情趣。

——钱月英

给妈妈的一封信

亲爱的妈妈：

您好！

今天是"六一"儿童节，是您女儿的节日，可是您却在离我很远很远的地方。我好想你啊！妈妈，我上学后不久，您就和爸爸出外打工了，每年的"六一"节都是和奶奶在家里过的。每到节日那天，看到别的孩子穿着节日的盛装，和爸妈一起，开开心心出去玩，我是多么羡慕。不过妈妈，今天这个儿童节却不同了，有人请我在儿童节这天吃牛排，因为她今年参加校十佳少年的评选获得了成功，而我是她助选团的成员之一。我第一时间把这个好消息告诉您。妈妈，你知道吗？我是多么兴奋啊！我终于可以过个快乐的儿童节了！

中午，我乘车和同学一起来到了吃牛排的地方——豪客来。我们一共有18个人，把一排的餐桌都包了。哈哈！开始点餐了，我打开菜单，有点紧张，只见菜单里牛排的种类真多啊，有澳式牛排，有菲力牛排，有黑椒牛排，还有法式牛排……我不知所措，心想：应该都很好吃吧，便点了一份菲力牛排。过了一会儿，牛排上来了，可是我不会吃，先是看着牛排发呆，然后学着旁边同学的样子，笨手笨脚地吃起来。这时同学的妈妈看见了，便走过来，手把手地教我怎么拿刀叉，怎么切牛排，怎么吃牛排。亏了我聪明，一学就会，要不可要出丑了。谢过了阿姨，我津津有味地吃起来。牛排真好吃啊，我在家里从来没有吃过这么好吃的东西哦！吃完了牛排，我们班的两位男同学还表演了一段相声，我们一边吃着水果，一边听着笑着，这是我过得最开心的儿童节了！

回到家，我还是有点失落，今天过后，就只剩下最后一个儿童节了，我多么希望您和爸爸能回来看看我们，陪我过最后一个儿童节啊，那时，我就是世界上最幸福的孩子了！妈妈，您能满足我的愿望吗？爸爸妈妈，我想你们，我爱你们！

祝你们

身体健康，工作顺利！

想念你们的胡群

2016 年 6 月 1 日

台州市椒江区第二实验小学五年级　胡　群

名师点评：

这是一封表达内心期盼的信，表达了一个留守的孩子在自己的节日里对妈妈的无限思念。当这个儿童节，同学请她吃牛排，她迫不及待地把这个消息告诉给妈妈，并盼望明年的"六一"节，她最后一个"六一"节，能在爸妈的陪伴下度过。孩子是多么渴望父母的爱啊！这封信语言自然流畅，感情真挚，让人为之动容。

——陈德兰

《三国》人物论

NO.1　论儒将

《三国演义》偏向于蜀，而这"后起之国"之所以能与两个强国"三足鼎立"，诸葛亮功不可没。他才智过人，胸怀大略，凡事有先见之明，"未出茅庐而知天下"，善用天时地利人和，可谓"有经天纬地之才，盖天下一人足也"。

但诸葛亮有个致命的弱点，就是太过小心谨慎了。比如攻魏时，如果他再大胆些直取长安，魏必亡也。但他步步为营，直至兵锋重挫，粮食不足，结果导致"出师未捷身先死"，遗憾终生。

司马懿智慧与诸葛亮不分上下，他俩是三国唯一一对智慧上可以一拼的高手。他儿子司马昭也可算是文武双全之人，是诸葛亮的"克星"。在诸葛亮摆空城计时，司马懿吓得急忙退兵，司马昭却看出了其中奥秘，断定诸葛亮是在虚张声势。蜀一大将诈降,也是他及时提醒父亲,否则其父必死于乱军之中。

NO.2　讲武将

虽说武将是冲锋陷阵的,但一个良将应具备高超的武艺与高明的计谋。要想成为"常胜将军",二者缺一不可。

关羽,讲义气、忠诚,过五关斩六将,水淹七军……一代英雄却败在了陆逊手中。关羽自高自大,目中无人,虽然武艺惊人,智也勉强,就因为这点而失败至亡。

张飞那厮,一介武夫也。只要略施雕虫小技就能将他轻易搞定。这样的人不能为一军之帅。

至于马超、赵云,他们是蜀国名将,忠义之士,不但武艺高超,且智慧过人。马超大战葭萌关;赵子龙单骑救主,力斩五将。其实这些人才叫英雄。

NO.3　评主帅

主帅指挥的好坏关系到一支军队的生死存亡。

蜀国主帅刘备,汉室宗亲,他心地善良、性格宽厚、喜怒不形于色。可以说,蜀国的江山是他带领大家打下来的,但蜀国的一半江山也是毁在他手里的。刘备之义,弱点也。为了当年之誓,出倾国之兵攻吴,中了火攻之计,一败涂地,几乎全军覆没,蜀国几年的心血,付之东流,蜀国也因此走向衰败。

身为主帅,不可只讲义气,也要有远大的志向、开阔的胸怀。这正是刘备所缺少的,也是造成蜀国最后灭亡的主要原因。

曹操实非等闲之辈。他上知天文,下知地理,又爱饮酒作诗,爱才如命。虽然书中称之为"曹贼",但在我看来,他才是真正的主帅,真正的好主帅。

丽水市莲都区中山小学六年级　程　阳

名师点评:

这篇作文,与其说是小论《三国》人物,还不如说是一篇别具一格的读后感。小作者以小标题的形式依次分析《三国》中的三类人物形象,说明小作者会读书,善读书,能在读书中思考,对人物、对事物有着自己的独特见解。通观全文,有一点文言文的味道,虽并不提倡,但文字的精练则是值得夸奖的。

——李周建

把握时机　让人生更精彩

——读《城南旧事》有感

这些天，我被林海音的一本《城南旧事》深深地吸引住了。不过，不是它的情节多么曲折，而是书中那份纯洁无邪的童真和心灵触动了我，我落泪了。

书中描写了旧北京形形色色的人和事。透过"疯女"秀贞爱情的悲剧，表现了她的可爱、可亲、可怜，也表达了作者对她的同情和对那个年代的愤恨；透过宋妈的婚姻悲剧，我看到了她的宽容与善良，她丧失了一对儿女，仍善待东家的孩子；透过小偷的"可恨"，又让人仿佛回到那个令人陌生但并不久远的年代。书中的一切都是那样有条不紊地进行着：缓缓的流水，缓缓的驼队，缓缓而过的人群，缓缓而逝的岁月……景、人、事、情感，完美结合，似一首淡雅而含蓄的诗。

而让我最感动的是《惠安馆》这篇，英子没有用世俗的有色眼镜看让人讨厌的秀贞，而是对秀贞不离不弃。或许是孩童的天真，英子带着满腔热情帮秀贞找到失去的孩子——妞儿，还将妈妈最珍贵的金镯子送给她们，让她们去找妞儿的爸爸。读到这我不禁感叹英子的勇敢、善良，乐于助人。

相比之下，虽然我的童年过得无忧无虑，吃穿不用愁，饭来张口衣来伸手。但我们是二十一世纪的主人，随着科技的发展，脑子也似乎越来越复杂了，网络的世界让我们的大脑不满足于现状，而心灵深处有些肮脏的东西也会不时地冒出来。像我平时看见一些衣衫不洁、操外地口音的农民工会很不屑地翻几个白眼，随后跑得远远的。我从来都不愿意去接近他们，更不用说帮助。有一次我拿着心爱的汉堡从KFC出来，迎面碰上一位年龄与我相仿的外地男孩，正嚷着要妈妈进FKC。我觉得好笑，于是随口一句："外地佬，买不起的。"还得意扬扬地故意挥舞手中的汉堡，惹得男孩大哭起来。

可现在看了《城南旧事》这本书，我才明白：英子的童年之所以精彩，是因为她有一颗纯洁的心灵，正是有了这样的心灵，她的童年才快乐。那是真正的、无忧无虑的、不折不扣的快乐、而我的快乐，不过是吃喝玩耍而已，想到此我真是羞愧、内疚！

童年当然是短暂的，但童年比珍珠、玛瑙还珍贵。我即将告别童年，踏上青年的路途，今后我该如何把握时机，真正让自己的人生过得精彩，过得快乐，这些我都要好好地想一想……

绍兴市越城区树人小学东校区六年级　朱凯航

名师点评：

> 作者阅读了林海音的《城南旧事》，深深地被触动了。书中英子的纯洁无邪让小作者落泪。她的勇敢、善良、乐于助人的美好心灵更让小作者赞美。联想到自己平时"瞧不起外地小孩"，小作者觉得十分惭愧。最后，他觉得如何把握时机，真正让自己的人生过得精彩，过得快乐，过得有意义，需要自己好好想一想。
>
> ——李建平

何畏尔等抄袭之辈

今日，师兴发。由此落得小考一番，美其名曰："突击检查。"小考一番却令吾辈不知其解，心伤之际，又突发愤慨之情。

早已明了的分数，还是令笑颜添上几分失落。假装不在乎，掩盖不住内心的挫败感。无奈，无奈，谁叫我马虎之下丢了4分呢？真是"一失足成千古恨"啊！自责之情弥漫心头。

我如黑夜里的猫儿一样，敛声屏气地捕捉着老师话语中的一个个数字。9个，还好还好，只有9个人在85分以上，我不至于被挤出前十喽！顿时，心里有点小喜悦，但我知道这成绩还是不堪入目的。"这次考试的最高分是91分，还有2位同学，一位是黄小胖，一位是……"老师的声音如雷贯耳，令我不由得大吃一惊：什么？！开玩笑吧？又出来2个，此真乃人间一大悲剧啊！我在自己的小世界里，开始了第二次悲愤不已的小宇宙爆发。

美妙的音乐声从四周渐渐响起，下课了！同学们如笼中的鸟雀回到了天空，彻底放开了。旁边似乎有人在讨论着什么，我侧耳倾听。"那些人都抄答案的，特别是那个黄小胖！还那么嚣张。""什么？谁抄答案啊？"我愤慨地问道。"还有谁？不就是那个黄小胖和阿P那些人嘛！"我既愤怒又嫉妒：怎么能这样啊！不公平啊，如果我也有一份答案就好了，唉！我在愤懑之余心中又生出些许小羡慕。而一向扮演"智者"的凡姐不由得才兴大发，笑出上联：手有标准答案。我一听上联，脑中思维飞转，忽然心生妙语，飞速接出下联：何畏万卷题难！

周围的同学不禁夸赞："不错哦！""妙！"又有人问道："那对联应该有个横批吧？少了横批就不完美了。""对啊！"有人附和道。"这倒也是哦，凡姐，充分展示一下你的才华吧！"我将难题丢给了凡姐，哇咔咔。

"呃，好吧！"只见凡姐柳眉微皱，纤手微托下颌，又思忖一会儿，"有了！"

"什么？快说!"我发问。眉宇间流露出几分神秘："那就是……"我们异口同声问道："快说哇!""抄越天下。"妙语横空出世，我们呆若木鸡，转而捧腹大笑，大家的羡慕嫉妒恨如过往云烟都随风飘逝了，抄答案的人还不知我们在拿他们打趣呢!

喧闹过后，向来被认为"深沉派"智者的凡姐做出了一番颇有特色的总结：他们只是一些抄袭之辈，有答案在手又如何，何畏此等抄袭之辈呢？他们不值得我们嫉妒与愤怒。心中不由得一阵明悟：是的，与其嫉妒别人，不如用实际行动超越别人。

在我们恪守不渝的真实成绩前，他们只不过是微尘般卑微的存在罢了，不值得我们劳心伤神去嫉妒。有此等"绝世神器"的存在，又何畏尔等抄袭之辈呢？

余姚市实验小学学弄校区六年级　刘鑫来

名师点评：

本文以一场平平常常的考试为线索，以自己细腻的心理活动贯穿始终。习作语言生动丰富、幽默犀利，读来妙趣横生，令人忍俊不禁，特别是同学之间的对话描写，入木三分，极具生活性与趣味性。题目用反问句式，委婉之中透着蔑视，当然，幽默的背后亦含蓄地折射出小作者对考试作弊的看法，可谓角度独特、匠心独运。　　——姜佳莉

天马行空童话篇

关联教材　日积月累

小学阶段,孩子们的想象能力是惊人的,天马行空,无拘无束。因此,从这个意义上说,编故事、创作童话是他们最擅长的。

三年级(上)第七单元、三年级(下)第八单元、四年级(上)第三单元等都是写童话。请具体看三年级(下)第八单元习作:神话、传说中的人物真神奇。比如孙悟空,他会七十二变。如果你也会变,你想变成什么呢?这次习作,就给你一次"变"的机会。请你展开想象的翅膀,编一个故事。

真题呈现　小·试牛刀

"哇!太不可思议了!一道闪电过后,我竟然变成了一只小蚂蚁。周围的一切都变了……"

故事就这样开始了,请你展开合理的想象,把自己变成蚂蚁之后的故事写一写。记得要给自己的故事写一个合适的题目哦!

——三年级(下)台州路桥区期末统考

点滴技法　友情快递

1.童话作文是小学常采用的一种习作方式,效果好,学生喜欢。

2.童话要求内容健康,有一定的思想意义,能给人以启迪或教益。

3.童话要有故事情节,故事要有头有尾,情节完整,合情合理。

4.童话故事要有主题、有中心,故事情节应围绕主题、围绕中心写。注意详略、突出重点,篇幅不宜过长。

5.童话的故事,要编得新奇有趣,不落俗套,吸引人。

6.童话所揭示的道理,宜蕴含在童话中人物的言、行或故事情节中,让读者自己去体会,不宜生硬地说教。

名校范文 快乐分享

三年级

学飞的母鸡

一只母鸡在草地上寻食,低着头,不断地从小石头缝里啄着小颗粒。突然,母鸡觉得就这样捉虫实在太无聊了,她觉得有必要改变一下自己的生活方式。正想着该怎么改变的时候,天上一只小鸟从她眼前飞过,她一下子找到了她生活的方向,一个想飞的念头就这样从它的脑海中冒出来了。因为她觉得飞行的鸟儿拥有更大的视野。

于是母鸡跑上前去问小鸟:"小鸟,要怎么样才能飞呢?"小鸟自豪地回答道:"只要有翅膀就能飞起来了。"说完,小鸟拍拍翅膀飞走了。母鸡高兴地想:我也有翅膀呀,那我一定也能飞了。

第一次,母鸡站在高高的台阶上,张开翅膀呼呼地拍着,学着小鸟拍着翅膀飞翔的样子,它猛地往前一跳,母鸡发现自己并不是往上飞,而是直往下掉。结果重重地摔在地上,跌得鼻青脸肿的。母鸡想可能是飞的地方不对,应该是还不够高。于是,它又爬到了草堆上面,挥着翅膀往前一跳,结果没扑腾两下翅膀,又快速地往下掉。这回摔得比上一次还严重,嘴差点折了。难道地方还不够高?这回它爬到了房顶上,因为小鸟就是停在那里起飞的,母鸡咬咬嘴深吸一口气,奋力往前一跳,结果简直就像大石头一样重重地摔在地上,巨大的冲击力使得母鸡翅膀折了,脚也闪了,鸡毛散了一地,样子就像是斗败了的武士,灰头土脸。这时候,走来一头老牛,老牛对母鸡说:"你不是鸟类,飞不是你的本领。鸟也有你不会的地方呀,做事情要量力而行。"母鸡听了恍然大悟。

后来,母鸡当了妈妈,生了一群小鸡。它带着小鸡在草地上捉虫。小鸟飞来看见了母鸡,问它:"你会飞了吗?"母鸡说:"我再也不学飞了,看,我现在不是很快乐吗?"

从此,母鸡带着小鸡快乐地生活着。

桐乡市实验小学教育集团振东小学三年级　凌煜鉴

名师点评：

　　生活中我们总是羡慕别人，羡慕别人的富有或才能，却不知道自己"平淡"的生活可能就是最适合自己的。就像文中的那只母鸡一样，直到最后静心过自己的生活时，才发现这才是最幸福的。一个有意思的道理蕴含在一个有意思的故事里，小作者没有过多的说教，没有老气横秋的语调，轻松、幽默地给我们说了一个故事，于是我们就明白了一个生活哲理，这样的故事我们当然喜欢。

——郭新飞

寻找"第一"

　　杜鹃、夜莺、百灵鸟，它们聚在一起。

　　杜鹃说："森林里好像有什么变了，天天都有新东西，我们去寻找'第一'吧！"

　　夜莺好奇地问："'第一'是什么？它是动物吗？是植物吗？它和你是好朋友吗？它住在哪里？"

　　"错了，全说错了，'第一'肯定是第一个找到别人都没有的东西！"百灵鸟啾啾地叫道，"我们去寻找'第一'吧！"于是，大伙儿出发了。

一

　　百灵鸟飞进树丛，它刚张开嘴想鸣叫一声，忽然，"嗒"一声脆响，一滴水敲在她漂亮的嘴巴上。百灵鸟晃晃脑袋，生气地说："谁在吐口水呀？"

　　"啾啾，啾啾啾……"在树上玩耍的小鸟笑了，叫道，"这不是口水，这是露水，冰凉冰凉的，前几天都没有呢！"这时，几滴露水接二连三地落下，在百灵鸟光滑的羽毛上滑过。百灵鸟拍着翅膀说："真凉快啊！我找到了'第一'了，它是秋天的第一颗露珠呢！"

二

　　夜莺飞到一棵大树旁。那是一棵枝繁叶茂的树，浓密的绿叶丛中，隐隐约约露出个红圆球来。

　　呀，那是什么？谁把红圆球挂上树枝的？夜莺想。

　　"知了，知了……"夜莺听到了她的好朋友蝉的吟唱，就高声叫道："蝉儿，蝉儿，绿叶丛的红圆球是谁挂的？"

　　"知了，知了……"蝉儿笑了，"那是秋天的果子，渐渐红了。"

　　夜莺开心极了，绕着红果子扑扑翅膀，在心里说："啊，我找到'第一'了！

它是秋天的第一个果子。让它慢慢长吧！"

三

没找到一丝"第一"的杜鹃，正垂头丧气地飞着。忽然，一阵凉风掠过。只听见小蚂蚁哼哼着："起风了，起风了，比以前的风要凉快多了……"

杜鹃高兴地大叫："我找到'第一'了！"

伙伴们又聚到了一起，他们都找到了"第一"，找到了快乐！

乐清市建设路小学三年级班　陈杨含锘

名师点评：

秋色很美。"寻找秋天"也很可能是小学生习作的常选话题，而小作者却写出了新意。小作者用秋露、秋果、秋风这些事物，编织成了一个童话故事。综观全文，语言流畅，一气呵成，人物的语言、动作描写细腻恰当，使习作显得率真优美，读来让人有一种灵动的画面感。

——赵惠文

我是一朵蒲公英

我是一朵蒲公英，我随着风飘呀飘，开始了我的快乐旅行。

我飘到了"人间天堂"——杭州，欣赏了西湖的秀丽风光。看，荷叶碧绿碧绿的，像一个个大圆盘。在那绿叶的映衬下，一朵朵荷花各有各的姿势。有的舒展怒放，粉红的花瓣，金黄的花蕊，仿佛正在畅怀大笑；有的花苞初绽，仿佛在开口说话；有的犹如羞涩的姑娘低头不语；有的还是花骨朵儿，看起来饱胀得马上要破裂似的。波光粼粼的湖面上，泛起鱼鳞似的微波，在阳光的照耀下，闪烁着耀眼的光芒。瞧，一条条可爱的小鱼从水底探出头来，好像在对游人说："请给我一些食物吧。"逗得游人们哈哈大笑，我也情不自禁地笑了起来。

飘呀飘，我来到了海南岛，迫不及待地投入了大海妈妈的怀抱。听，那海浪声就像一支雄壮有力的交响曲，一朵朵飞溅的浪花是一个个跳跃的音符。海浪冲散了沙石，带来了美丽的贝壳。小朋友们光着小脚丫，欢笑着拾起贝壳，我也加入了他们的队伍。

不知不觉，我又飘到了曾经的乐园——爷爷的家乡，看到了一望无际的田野。瞧，太阳快落山了，那苍翠的远山早已被夕阳映得姹紫嫣红，密密麻麻的山枣也染上了自己喜欢的颜色，晚开的野菊悠然地摇曳着花枝。秋风吹来，田野里散发着清幽的芳香，刚刚收割完的庄稼，装满了一车又一车，随着那鞭子一响，田间小路上留下了一串串清脆的马铃声。

我是一朵蒲公英，我还要飘向美丽的夜空，躺在月亮姐姐的小床上，舒舒服服地睡一觉，做一个更甜、更美的梦……

湖州市南浔区南浔实验小学三年级　徐骏阳

名师点评：

> 文能言声，文章是作者心灵的反映，小作者极富想象力，把自己想象成一朵能到处旅行的蒲公英，从而表达了内心美好的心愿。文章条理清晰，文笔优美，感情真挚细腻，是一篇值得细细品味的好文章。"那海浪声就像一支雄壮有力的交响乐""躺在月亮姐姐的小床上，舒舒服服地睡一觉"，这些想象美好、合理，富有童趣，给文章增色不少。
>
> ——杨惠芬

兔子和狼的较量

一天，小兔子到森林里采蘑菇。走着走着，不好，半路跳出一只狼，狼一把拦住小兔子，说："小兔乖乖，让狼大哥吃了你吧！"小兔鼓起勇气，说："可恶的大笨狼，我才没有那么笨，乖乖地让你吃掉，哼，有本事就来抓我呀！"说着，小兔就飞快地向边上的小路跑去，可大灰狼坏笑着站在那里，扑通一声，哦，原来大灰狼早有准备啊，他在前面挖了一个坑，小兔子重重地掉进了坑里。大灰狼一把抓起了小白兔。

不过，小兔子没有傻掉，说："大笨狼，你敢跟我比赛吗？"大灰狼笑笑说："反正你也要被我吃了，别跟我耍诡计了，说吧，比什么赛？"小兔子说："我们来比猜谜语，规则是我来出谜语，你来答，如果你答不出你就放了我，如果你答出来了，我就称你为森林里的智慧之神，怎么样？这个交易很不错吧！"大灰狼心想，反正你也跑不了，于是爽快地说："那好吧！"

小兔子说："什么花儿不会谢？"大灰狼说："塑料花不会谢。"小兔子说："对了。我再问你，一加一等于几？"大灰狼说："嗯，这么简单的题，当然是二。"小兔子说："错，一加一等于王。"大灰狼奇怪地说："你让我猜的不是数学里的算式吗？"小兔说："不是，我让你猜的是脑筋急转弯。"

"不行。"大灰狼露出了凶相，"我要吃了你。""哈哈，大笨狼，吃了我你有什么好处吗？不还是大笨狼吗？我有办法可以让你变得聪明。"大灰狼一想："这也好，谁不想变聪明呢？"于是他说："你有什么办法？"小兔子说："你闭上眼睛，我给你吃一颗魔法糖，你就会聪明了。"

大灰狼闭上眼睛，小兔子偷偷拾起一块石头放进了大灰狼的嘴里。"可以咬了吗？"大灰狼啊呜一口，咬了下去。"咯蹦！"一颗牙齿掉了下来，大灰狼连忙捂住嘴巴，不由放开了抓小兔子的手，小白兔一跳，跳了开去，跑走了。等大灰狼睁开眼时，小兔子早就跑远了。

上虞市金近小学三年级　王金依

名师点评：

> 　　兔子智胜恶狼，这样的故事非常多，反映了善定胜恶的朴素观念，小作者向大家充分展示了兔子和狼的斗智过程。小兔子落入狼口，想逃又被抓住，于是，小兔子通过和老狼比答题，让老狼逐步进入了他的圈套，最后终于摆脱了恶狼。故事想象合理，大胆地应用了谜语、脑筋急转弯等形式，增强了故事的生动性。
>
> ——李立军

橡皮的遭遇

　　我是一块普普通通的橡皮，但我的遭遇却比同伴们都倒霉得多。

　　我原本是一个小熊模样的橡皮，红红的嘴巴，黑黑的鼻子，圆圆的眼睛，大大的耳朵，还穿着一条非常漂亮的粉色裙子。但是自从我跟了小主人以后，我的身体发生了巨大的变化，心灵也受到了严重的创伤。

　　小主人刚买下我，就把我带到了学校里，我的脑袋就和身子分了家，小主人用美工刀把我切成了两半。我的下半身被主人当作子弹射到了楼下，正好落在了班主任老师的头上。老师把橡皮拿回教室，并把我放在讲台桌上，希望有同学来认领我。可小主人连看都不看我一眼，更不用说认领我了。

　　我再来说说我的脑袋有什么悲惨遭遇吧！小主人在我的脑袋上挖了一个小洞，然后把挖出来的橡皮重新粘到了我的脑袋上，当遥控器玩。他连上课都不放过我，不专心听老师讲课，把我放进又黑又闷的抽屉里，东摸摸，西摸摸，搞得我晕头转向。有时候把我逼急了，我也会大声喊道："小主人！快听老师讲课吧！"可我毕竟是一块橡皮，我说的话小主人怎么能听得到呢？只能在那里干着急。

　　我的身子始终在讲台桌上，由于长时间没人来认领我，日复一日，身上蒙上了一层厚厚的灰。我旁边的尺子、铅笔都被一一领走了，只有我还被遗

149

忘在那里，我是多么的无助，孤零零地躺在讲台上，差点没哭出眼泪来。班主任曾多次在班上问道："这是谁的橡皮？"可总是没人回应。值日生终于忍无可忍，一气之下把我扔进了垃圾筒。而我的上半身却被切成了碎片，在美术课上当作"蛋糕"的装饰品，当我随"蛋糕"一起掉到地上，被值日生发现了，结果下场和下半身一样，被扔进了又脏又臭的垃圾筒。

　　到了期末考试时，主人写错了字，需要用到我了，可他找遍了整个书包和抽屉，连我的影子也没找到。现在轮到他着急了，万般无奈之下，他只好用指头沾上口水擦了一下，黑乎乎的，没办法，硬着头皮交了上去。老师看不清楚，扣了一分，原本一百分的愿望又泡汤了。

　　而我，这块倒霉的橡皮，被人们永远地遗忘了。

武义县实验小学三年级　徐嘉宜

名师点评：

　　这篇文章经过小作者精心的构思、再三的思索，选择了一个全新的角度，把一块橡皮写活了，那一声声的控诉深深牵动我们的心。孩子们不爱惜学习用品的坏习惯在小作者笔下淋漓尽致地展现出来。语言充满童趣，会让读者随着作者的叙述去深层次感受橡皮遭遇的悲惨。全文颇具特色，它让我们在有趣的情节中引发了深深的思考。

——蓝梅英

"嬉"水节

　　夏天的天气可真热，太阳毒辣辣地烤着大地，快把人们烤焦了，森林爷爷热得直冒汗，绿叶娃娃也干得卷了起来，动物们都无精打采的。为了让森林恢复生机，小猴出了个主意："这么热的天，实在是受不了了，我们来举办一个嬉水节吧！""好呀！好呀！肯定很好玩！""夏天多美妙！""小猴的主意真不错！"森林里的各个角落都传来了这样的声音……

　　一个阳光明媚的上午，车站里小动物们在三三两两地说着话，它们要去干吗呀？原来，它们要去小溪里玩水呢！它们有的说要带上游泳衣，可以游泳；有的说可以带上一把水枪，可以玩水枪大战……

　　汽车来了，小动物们赶紧上了车，汽车嘟嘟嘟地欢叫着，渐渐远去。大家在车上说说笑笑，不时爆发出一阵阵大笑。小溪到了，小动物们急急忙忙下了车，又呼吸到了新鲜空气，它们真开心。

小动物们纷纷换好了衣服，迫不及待地下了水，瞧！它们玩得多欢！有的在泼水，只见小鸭把水向小猪的脸上泼去，小猪赶紧把头低下，用手臂挡住，但还是被泼到了。它用力甩了一下脑袋，再用手把晶莹的水珠抹掉，然后它使劲地把手在水中一撩，把水向小鸭泼去。小鸭"嘎嘎"地惊叫着，一个猛子扎进了水里，逃得无影无踪；有的在玩水枪大战，你一枪，我一枪，闹得好欢。小马把水枪对准小鹿，向它射去，呀，射歪了，小鹿嘿嘿一笑，狡黠地说："这回你死定了！"然后举起水枪向小马射去，小马被射得没命地逃，但还是变成了一只"落汤鸡"。

小鸡和小兔苦于自己不会游泳，只能在岸边看着朋友们疯玩，跟着它们一起叫喊，不知不觉中，它们的脚也向水里移去。突然，小兔滑倒在溪水里了，它大喊："怪物来了！怪物来了！"说着急忙爬了起来，用惊恐的眼光看着周围，大家被吓了一跳，都停了下来。定睛一看，原来，是小鱼儿在啄小兔的脚趾呢，大家你看看我，我看看你，会心地笑了。小猴给小鸡和小兔拿来了游泳圈，瞧！它们玩得多开心呀！

夕阳西下，火红的晚霞笑吟吟地看着大家，天空被染得红盈盈的，树影被拉得长长的，小动物们个个被映红了脸，像朵朵盛开的鲜花。它们说笑着依依不舍地回去了。

杭州市滨江区闻涛小学三年级　方静如

名师点评：

文章像一条缓缓而流的小溪，清秀，流畅。文笔优美，字里行间洋溢着快乐。炎热夏日尽情戏水是孩子们的最爱，小作者以童话的形式表达了自己最真实、最迫切的想法。故事想象丰富，戏水的场面描写细腻、生动，这与小作者平时留心观察、用心体验息息相关。结尾景色的描写更是渲染了这份快乐！

——王敏霞

四年级

文明谟恶龙

我是一个奇特种族——溪龙族的公主。我的名字叫银心，族里人称我"银心公主"。我有一个姐姐，她是金婕公主。在"溪龙庆节"这天，发生了一件大事。

那天，风和日丽，太阳毫不吝啬地把阳光洒满大地。好一幅美妙的山水画！由金婕公主带领的《庆舞》，更加增添了过节的气氛。瞧，金婕公主的一头黑发飘扬在空中，美不胜收……再看，金婕公主张开双臂旋转，那衣服如同一对翅膀，"呼"的一下张开，又"呼"的一下收拢"双翅"。我也换上舞服进入舞池与他们共同舞蹈。欢声笑语洒满了"溪龙大地"。

突然，天空一下子变得乌云满天，不少族人都被闪电劈伤了。此时天空中飘下一朵云，丢下来一封天蓝色信件。那封信件落在我脚边，我拾起信件，打开来看：哼！你们的"溪灵石"在我这里，想要拿回，就先交出"水天蓝银珠"和"金木心婕钻"。

看完信，我大惊失色，急急地奔向大殿。进入大殿，我快速打开宝盒，一看，傻眼了："溪灵石"真的不见了！我连忙把那封信给父亲看。父亲眉头紧锁，问我和金婕公主："银心，金婕，我们真的需要交出'水天蓝银珠'和'金木心婕钻'吗？"我和金婕沉默了。

此时，我想与电龙族决一死战。我说："事不宜迟，我们快些夺回'溪灵石'吧！"我说完，与金婕一起向"电龙宫"出发。

很快，我和金婕就来到了"电龙宫"。电眉见我们来了，以为是我们来交"水天蓝银珠"和"金木心婕钻"换回"溪灵石"的，便欢天喜地去通告父王。我趁这个机会冲进了宫殿，取走了电眉的皇冠。回到家，我和金婕把皇冠交给了父王，自己则去保护"溪龙大地"。

没过一会儿，电龙族带着百万大军杀气腾腾地闯进了"溪龙大地"。我和金婕全力以赴，与电龙大军殊死搏斗，终于战胜了一向残暴的电龙族！

经过这次勇夺"溪灵石"事件，我和金婕龙力大增，不再生活于父母的庇护之下，可以走南闯北，并开辟自己的种族了！

就我和金婕临出发的前一晚，父亲语重心长地说："开辟种族要以慈悲为怀，否则会大难临头。"

如今，我已有自己的种族，叫"心龙族"。每一条心龙都有一颗爱护动物的心，亦因他们爱自己能爱的一切，故名"心龙族"。

缙云县紫薇小学四年级　徐嘉妤

名师点评：

小作者的童话，构思别具一格。故事通过丰富的想象，塑造了一个个神奇的人物形象。虽然童话篇幅短小，但情节神奇曲折，主题积极。可以看出小作者读过很多武侠小说。所以编写这样一个故事，显得得心应手，十分老练。

——陈婉

一只小老鼠的告白

我是一只老鼠,我的家就安在一个小学食堂的附近。我整天不愁吃,根本不用像其他老鼠一样冒着生命危险走大街窜小巷,为自己的几顿饭奔波。我从家门口一眼望去,就能够看见那只冒着尖儿的剩饭桶。在那里,我经常有意外的收获——刚咬了一口的包子,还完好无缺的馒头,抑或是一大块的肥肉……这小学食堂也就是我的食堂,而且是个免费的食堂。

可是有一天,桶里的饭菜少了很多,看不见冒出来的那个尖儿了,不过也足够我填饱肚子的。日子一天天地过去,桶里的饭菜变得越来越少了,我勉强填饱肚子。但我坚信:一觉醒来,我又能够看见久违的那个尖儿的,我又能够美美地吃上一顿。说实在的,我已经好多天没吃饱了。

第二天,我迈着虚弱的步子,走到饭桶前,希望奇迹发生。当我爬上桶沿的时候,看见桶底躺着几粒剩饭,我迫不及待地跳了下去,不一会儿工夫就把这少得可怜的午餐消灭了。我费了好大的劲才爬上来,回到家,饥饿仍困扰着我。

那一个晚上,我梦见了好多粮食,我开心地笑了。醒来,我的肚子咕咕地叫。我拖着沉重的脚步走向食堂,实在是走不动啊!该歇一会儿了。无意间,我抬头看见了一抹红色,食堂门口挂着一块条幅,上面写着"珍惜粮食,人人有责"。我忽然明白了,这些小学生经过教育,都懂得珍惜粮食了,我断粮了!我真恨不得把那块红布拉下来把它扯得粉碎。但我转念一想:我能扯碎这块布,我扯碎不了人们头脑中"珍惜粮食"的观念啊!

看来我得搬家了,可是,哪儿才是我的家呢?

永康大司巷小学四年级　黄土高

名师点评:

> 孩子的世界是童话的世界,他们在童话中感受着真善美,他们乐于从童话中接受教育。"珍惜粮食"这样的主题,如果不是借助童话的形式,是很容易落入说教的俗套的。所以,小作者在文中采用独特的构思,从老鼠的角度来审视人类的美德,从而让读者在轻松愉快的故事中接受了一次严肃的教育。
>
> ——王晓莉

春天里的故事

　　春风阿姨轻轻抚摸着柳树姐姐的秀发，春雨姑姑滋润着青草娃娃……春姑娘精心装扮大地。她飞过了城市，飞过了乡镇，来到了动物王国。

　　那里正在召开粮食种植大会。狮王威风凛凛地坐在宝座上说："今年的种植采取个人承包制，各位自己种粮食，丰收时可以放进粮仓捐给王国，也可以自己保留……大会到此结束。"

　　大家回到家中便忙起农活来。看！田野里到处是动物们忙碌的身影。小猴开着拖拉机为大家运输种子，看它连汗也顾不得擦；身强力壮的小肥猪举起锄头使劲挖坑，嘴里还念着"锄禾日当午，汗滴禾下土"；勤劳的小白兔将种子撒到土坑里，干得可认真了；小狗熊把放了种子的坑填平；小花狗为庄稼地浇水、施肥……瞧！大家干得热火朝天。

　　唯独小刺猬在被窝里打呼噜睡大觉，它还梦见自己不劳动，却得到了和拖拉机一样大的冬瓜，三米长的甜玉米……一边做梦一边流口水呢！刺猬妈妈在旁边无可奈何地说："这孩子吃了就睡，睡了就吃。不劳动不行呀！唉……"

　　时间一天天过去了，每天小动物们都坚持去地里劳动，浇水、施肥，庄稼长得可好了。可小刺猬的那块仍荒着的庄稼地比石板都要硬了。小刺猬越长越胖了，连路都走不动了。

　　……

　　几个月过去了，动物王国又召开大会。大家都兴高采烈地来到会场，肥胖的小刺猬也跟着被抬进了会场。狮王清了清嗓子，说："今天，我们要在这儿举行'春天劳动模范'表彰大会。现在请动物王国劳动局长——大象先生公布'春天劳动模范'名单。"大象先生大声说："'春天劳动模范'有小猴、小肥猪、小白兔、小狗熊、小花狗……"大家都评上了，唯独小刺猬落榜了。狮王为"春天劳动模范"们颁发了奖章，戴上了大红花，接着，又对动物们说："世界上所有东西都是靠劳动创造的，劳动光荣，懒惰可耻……"小刺猬听了，羞得满脸通红，但他决心改正，争取下次登上领奖台。

　　从这以后，小刺猬克服了好吃懒做的坏习惯，真的成了劳动积极分子。

　　春姑娘飞走了，每飞过一处地方，她都把这个故事告诉大家，教育大家要热爱劳动，用双手创建美丽的家园。

临海市哲商小学四年级　陈海寰

名师点评:

　　这篇童话一是主题积极,针对社会上贪吃懒做的现象,教育人们要以自己的双手来创造美好的生活。文中"粮食种植大会"和"个人承包制"等均来自现实生活,它让读者体验到了新鲜的生活气息。二是构思巧妙。经过合理的舍弃,抓住表现小刺猬懒惰的几个场面,串起全文,从而使文章显得紧凑。

——陈晨

小兔玲玲的故事

　　小兔玲玲是一只懒散的小兔子,做作业磨蹭,上课不专心听讲。

　　放学回家,玲玲做作业时不知不觉又发呆了。"还不快做作业?"一个严厉的声音打断了她的"梦游",玲玲赶紧提起笔做作业。可写了一道题之后,她又开始发呆,后来发呆的时间之长连自己都感觉到了,在她又写了一个字之后就再也没有写过。妈妈走过来看到她只做了一点点作业,就警告说:"再不好好做作业,就没好果子吃了!"玲玲不敢犹豫,赶紧做,但别人半小时完成的作业,玲玲还是花了一个小时才完成。

　　上数学课时,玲玲想起书包里有一本课外书,就再也没心思听课了,她偷偷拉出课外书在下面看,小鹿老师发现后没收了玲玲的书,玲玲只能看着黑板发呆。下课了,老师布置回家作业,大家都在抓紧时间做,可玲玲只管自己玩,同桌亮亮提醒她快做作业,玲玲理都不理。放学了,玲玲回家对妈妈说:"今天作业很多。"兔妈妈不相信,打电话给小羊老师问是不是今天作业布置得多了。小羊老师告诉兔妈妈,今天作业并不多,同学们都在课堂上完成了,是玲玲自己不抓紧时间。兔妈妈很生气,把玲玲叫过来打了一顿,玲玲哀号着去做作业了。

　　星期天,妈妈把玲玲带到了儿童学习心理障碍诊所。象博士告诉兔妈妈,玲玲大脑发育比同龄人落后1～2岁,所以会注意力不集中。玲玲要花比别人多的力气才能跟上别人。妈妈回家后,改了玲玲的作业,内容少了,题目简单了。妈妈知道应该谅解玲玲,因为很多时候,并不是她的错,她其实也在努力。所以尽管玲玲成绩还不够好,但妈妈也不怎么责怪她了,玲玲心里很高兴。期末考试复习的时候,玲玲把所有考卷找出来,把所有的错题都重新做了一遍,复习得很认真! 结果,成绩比前几学期有进步了。

　　听了小兔玲玲的故事,不知大人们有什么想法,我希望大家谅解这些孩子,因为手指头伸出来也有长短啊!

杭州市保俶塔实验学校四年级　魏　蓝

名师点评:

> 　　关于"注意力障碍"这个问题,现在越来越多地困扰着家长、老师、孩子们。这篇习作就是小作者在跟着妈妈到儿童学习障碍门诊咨询回来后,编成的故事。小作者运用童话的形式,把自己在学习生活中的几件小事串联起来,写出了自己作业磨蹭的原因。最后一段写得很精彩,点亮了全文,既表达了自己的情感,也发人深省,令人深思。
>
> ——盛海英

五年级

愿 望 玻 璃

　　今天真惊险!溜溜正在卧室里听着音乐,窗外,球球和几个男生正在踢足球……

　　"啪!"一阵玻璃破碎的声音打断了溜溜的悠闲。她转头一看,天哪,球球这个冒失鬼,居然踢足球把玻璃踢碎了!"球球……"溜溜握紧拳头,脸黑了,头上仿佛能着起火来。"球球!喂!你什么人啊,把我家玻璃弄碎了!我要你赔偿玻璃费、精神损失费!"溜溜推开门,对球球喊道。

　　球球自知理亏,对身旁的男生耸了耸肩,小声嘀咕着:"我中国人。"很不幸,轻轻的一句话被溜溜听见了,溜溜火了,大叫:"哼!反正你要赔!"

　　"不就是一块玻璃么,赔就赔!"球球不屑地走了出去。不知过了多长时间,球球带来了一群工人,不一会,玻璃就装好了。"这下好了吧。对了,这本笔记本就当作精神损失费吧。"球球说道,便把笔记本抛到了溜溜手里。

　　"算了,本小姐心慈手软,饶你这一回!"溜溜接过笔记本,回了房。

　　溜溜经过玻璃时,心想:这球球也真是。突然,玻璃闪了一下,天花板上掉下一张纸条,写着:这块玻璃是愿望玻璃,可以完成主人的三个愿望。哼!一定是球球那家伙搞的恶作剧,我先试试。溜溜想着,眼睛瞟到家里的一堆旧沙包,随口说道:"给我换几个漂亮的新沙包吧。"瞬间掉下好多个五彩斑斓的沙包。

　　哇!是真的!溜溜兴奋极了!她又许愿:"我想要一条漂亮的裙子。"一条缀着绿宝石的紫色裙子掉了下来,还有着粉红色兔兔的图案,可爱极了。

不好！只剩下最后一个愿望了。

是要一顶帽子？一条围巾？一本书？一个玩具？还是……不不不，溜溜马上否认了。溜溜陷入了沉思……突然，电视上播出一则关于贫困孩子的新闻，溜溜眼睛一亮，有了……

第二天，电视报纸都在播出这样一则新闻：有一个不留名的好心人义务为贫困地区的孩子们修路，建学校……溜溜没有像别人一样惊讶，只是浅浅一笑。

奉化市实验小学五年级　丁含欣

名师点评：

> 先看文章的题目，你一定会想，玻璃还能实现愿望？勾起了大家强烈的好奇心，给下文埋下了一个伏笔。本文是一个幻想故事，全文语言轻松、细腻、生动。文章开头由球球不小心踢碎玻璃而引出下文的能实现三个愿望的玻璃。文章的最后，主人公溜溜把最后的一个珍贵的愿望许给了贫困地区的孩子们，塑造了一个具有爱心的女孩。读着这篇文章，不禁为溜溜的善良而感动。
>
> ——郑静

巴巴拉咕星球之旅

2035年3月12日，星期一，晴。这一天对我来说意义非凡，应该说是我人生中最重要的一天，因为我将乘着水母X3号飞船去完成一个光荣的使命——到浩瀚的宇宙为地球人寻找不痛之药。

记得2015年的那个冬天，我的爷爷因为胃癌生命垂危，看着他痛苦的表情，我知道，巨大的病痛正在折磨着他，最后，爷爷就在这疼痛交加中失去了宝贵的生命。虽然，如今的地球上已经有了麻醉药、杜冷丁等减少痛苦的药物，可这些药物对身体的伤害极大，并且只能对付小病小痛，对巨大的病痛没有什么作用。人对死亡的来临无法抗拒，但是，我想让人们有尊严地走进另一个世界，那就是减少病人的痛苦。我再也不想看到人们因为疼痛而扭曲的表情，再也不想听到人们因为疼痛发出的呻吟，那一声声的惨叫，让我下定决心，潜心研究，终于踏上了宇宙之旅！

我坐进飞船，随着启动按钮的下陷，一声巨响，我就冲出地球，飞上天空，来到了浩瀚壮观的太空。我在里面尽情遨游，凭着自己的感觉，寻找落脚点。突然，一阵彩光耀人眼目，导致我向它飞去，越来越近，越来越亮，我凝神一看,啊! 原来是一个五彩缤纷的星球。打开资料库,资料显示,原来这叫"巴巴拉咕星球",我带着几分新奇、几分疑惑,勇敢地冲了进去。

哇! 出现在我眼前的是一幅壮观奇异的画面,只见万丈瀑布飞流直下,参天大树高耸入云,花卉植物硕大无朋……当时,我只顾陶醉于这美丽的景色中,却没有留意,一只凶猛的家伙正在向我靠近。"嗷——"一声巨响,我迅速回过头来。哇! 我看见了一只似狮非狮、似虎非虎的猛兽,我没命地逃跑,一不小心跳进了一个大湖泊,我憋足了气,拼命往下钻,猛然间,我想起了口袋里还有一颗"氧气丸",赶快吞了下去,感觉好了许多。

好不容易钻出了水面,刚想喘一口气,可我没有想到的是,眼前又是一幅奇异的画面。好几个头上长着天线、红色皮肤的人拿着武器,将我团团围住,说了一些叽里呱啦我听不懂的话。为了放松他们的警惕,我先给了他们一个友好的微笑,然后打开语音转换器,证明了我的来意。他们慢慢放下了手中的武器。为了证明我的诚意,我拿出了从地球带来的礼物南瓜、番薯、土豆给他们吃,他们可能从来没有吃过那么好吃的东西,奔走相告,一起分享美食,还连声向我道谢。我也没有闲着,让他们把地球上带来的粗粮种子种在他们的土地上,顺便观察是否有我想要的东西。说也奇怪,那些种子立马长大,而且比地球上的大好几倍,这对巴巴拉咕人来说可是一笔不小的财富。他们终于对我放松了警惕,把我当成贵宾一样招待。

住了一段时间,经过细心观察,我发现巴巴拉咕人经常受伤、流血,因为这里高山峻岭,到处是陡坡怪石,难免跌跤、摔伤。但是他们会喝一种白色的液体,或者直接抹在伤口上,血立马就止住了,人也恢复正常。为了弄清它的真实药效,我只好把自己弄伤。善良的巴巴拉咕人果然给了我一小瓶白色的液体,我喝下它后,一点疼痛也没有了,涂到伤口上,血马上止住了。我内心欣喜若狂,看来,我的任务马上就要完成了,这次来这个星球没有白来,这么多年的心血没有白费。我向他们提出了我的请求,表明了我对地球人的这种心意,他们为我的善良而感动,纷纷向我赠送了这种神奇的药水。可是药水再多也会用完,怎样让这种药水在地球上生根发芽呢? 巴巴拉咕人说:"这种'不痛之药'是从'巴巴拉咕星球'最高最大的一棵树的最高一个枝丫的最高一片叶子上提取的。我们也是花费了不少精力才研制出来的。既然你们地球人这么善良,就想办法给你一颗种子吧。如果能在地球上存活,那就是地球人最大的福气了。"

不久,我告别巴巴拉咕星球的人们,回到了地球。

2048 年 3 月 12 日,地球上有了一棵新的树木,树名就叫作"无痛树"。经过无数个日日夜夜的研究、试验,我也终于像巴巴拉咕星球上的人那样——利用这种树上的叶子,研制成了"无痛药"。从此,地球上的人们再也不用忍受疼痛,人类终于找回了自己的尊严……

余姚市实验小学白云校区五年级　赵栖桐

名师点评:

　　本篇文章立意新奇,构思巧妙,行文流畅,用词丰富。小作者放开思绪,用想象的翅膀,精心编写了这个看似稚气却意味深长的故事!文章表现了小作者对科技的热爱,对未来的憧憬,对宇宙的好奇,对美好的向往……而她那颗善良美好的心,也处处在文中彰显。读了这篇文章,仿佛看到科技的脚步在突飞猛进!

——王丽珍

苍蝇夺冠记

　　"四害"中的苍蝇可谓是"恶名远扬",但为了证明自己"身手不凡",他报名参加了由狮子赞助的动物运动会。

　　这次比赛的裁判是猴子,只听她在广播中说道:"我是本次运动会的裁判员,在这里预祝大家能比出技术、赛出水平。还有一条消息,就是请徒手攀玻璃的运动员到行政大楼下准备。"

　　苍蝇听了广播后,立马"奔"向行政大楼。在行政楼下,苍蝇看见了自己的对手——蜜蜂、蝴蝶。只见蜜蜂和蝴蝶一副胸有成竹的样子,一点都不把苍蝇放在眼里。苍蝇却暗暗自喜:"哈哈!我可是攀玻璃的高手,我的脚上可是有吸盘的,他们俩肯定输定了。"猴子裁判一声令下,比赛正式开始。只见苍蝇以势如破竹之势飞快地向上爬去,可再看看旁边的蜜蜂和蝴蝶两位,一个摔得鼻青脸肿,另一个跌得口吐白沫,真是惨不忍睹啊!猴子裁判立即判苍蝇获胜。

　　苍蝇获胜后,它的名气大增,粉丝也越来越多,自信心也更加足了。接着它又报名参加了"观察目标物"比赛。这次比赛可不得了,捕鼠高手雕也参加了这项比赛。比赛开始了,观众们不停地呐喊助威,为选手加油打气。只见猴子裁判拿起扩音器,朝远处大声喊道:"蚊子大军,比赛开始了。"猴子话音刚落,只见远处黑压压地飞来一大群蚊子。猴子转过头来对苍蝇和雕说:"现在,你们需要数清一共有多少只蚊子,先数清者获胜。"观众们一听傻了眼,纷纷议论起来:"这要数到猴年马月去?""这不是整人吗?"雕也开始为难起来:"本以为观察目标物是比谁看得远,这是我的拿手好戏,可这次比赛是比数数。哎呀妈呀！我头都晕了。"苍蝇却从容不迫，只见他眼睛一眨，立马答道："六千只蚊子。""恭喜你！答对了！"猴子叫道。"好——好——！"全场起立，都为苍蝇拍手叫好。这次比赛，苍蝇又技惊四座，连著名的电视台也来采访苍蝇。蜂鸟记者向苍蝇问道："您是否能为电视机前的观众朋友介绍一下，为什么您能一下子准确地说出那么多蚊子的数量？""没什么，我的两只眼睛是复眼，一共有六千只小眼，每只小眼数一只蚊子，六千只蚊子简直是小意思了。"苍蝇爽快地回答道。"哇！"蜂鸟记者大为感叹。

　　动物运动会一共有三个项目，苍蝇已经赢了两场，只剩最后一场，如果苍蝇再赢，就是大满贯了。最后一个项目不是别的，而是看起来似乎很简单的"辨味猜物"。苍蝇早早来到了赛场，在等待几分钟后，参加该项目的另外两个运动员猪和狗也来到了赛场。猴子裁判二话没说，先把三位运动员的脑袋包了起来，只露出他们的耳朵。随后宣布比赛规则："为了加大比赛的难度，我把你们的头包住，现在，你们要猜出眼前的物体是什么。"说完，猴子便放了一块蛋糕在三位运动员的前面。狗没有了鼻子，连走路都困难，他只好立马宣布退出比赛。猪装作满不在乎的样子，慢悠悠地靠近蛋糕，东踩一下，西踩一下，最后得出结论："是便便。"裁判和观众们听后全都笑翻了。接下来该轮到苍蝇了，只见苍蝇轻盈地飞到蛋糕上，用腿毛在蛋糕上沾了一下，就大声叫出："是蛋糕。"原来苍蝇的腿毛有辨味的特异功能。苍蝇又一次赢得了比赛的胜利，全场沸腾了。

　　苍蝇如愿以偿赢得了大满贯，扬扬得意地站在领奖台上准备接受颁奖，可谁知一个苍蝇拍正向他挥来。只听"啪"的一声，"武功盖世"的苍蝇惨死在了人们的苍蝇拍下。

安吉县递铺镇第三小学五年级　章易博

名师点评：

　　文章构思巧妙，富有童趣。小作者以童话的形式，富有情趣的场景，结合动物自身的特点，向我们展示了一场别开生面的比赛。可行文最后，又不忘提苍蝇是"四害"之物，因此又惨死在人们设计的武器——苍蝇拍之下。全文语言流畅，内容生动，故事情节完整，很有特色。

——张鸣真

小猴子解难题

从前，森林里住着一只老狼，他独霸一方，非常有钱，家里雇有许多长工。

每一年，老狼为了多敲诈钱，挖空心思要长工们解三道难题，若是解不出难题，一年工资全都不给。长工们解不出这些难题，只好垂头丧气，给老狼白干了一年。

一天，老狼把小猴子叫到眼前说："你给我把前院那间瓦房潮湿的泥地晒干，倘若晒不干，就要扣掉全年三分之一的工资。"机灵的小猴想：我得想个办法来对付老狼的难题。他选了一个天气晴朗、万里碧空的日子，架起梯子，爬上了屋顶，把瓦片一片一片地往地上扔。老狼听见院子里"啪啪当当"的声响，一看是小猴在屋顶上扔瓦片，就大声嚷道："你这个红屁股家伙在屋顶上干什么？为什么把瓦片四处乱扔？"小猴子理直气壮地说："老爷，我是照你说的去做呀！揭掉瓦片才能晒干泥地呀！"老狼不知所措地道："下来，赶快下来，这道难题算是解了。"就这样小猴子挽回了三分之一的工资。

老狼并不甘心，暗暗地想："别高兴得太早，还有两道难题未解呢！"有一天，老狼出了第二个难题，要小猴把屋后菜园边的那口枯井拗弯，否则也要扣掉三分之一工资。小猴子来到菜园里，看了看枯井，搔搔脑袋想道："嗯，折弯井也不难，我就用火烧来对付。"又是一个天气晴朗的日子，他把老狼柴房里的柴全搬出来，一捆一捆地往枯井里塞，老狼见了就心疼地说："你疯了，把我足够烧半年的柴往井里塞。"小猴又像上回那样说："你不是说要把井拗弯吗？不烧热怎么拗呢？"老狼只好说："好了，这一道也算你解了。"

又过了个把月左右，快过年了。老狼又出难题了，他让小猴当着众人的面吃掉大粪，不然他要扣完小猴全年的工资。小猴回到房中，来回地踱步，不时搔搔脑袋。忽然，他一拍手自言自语地说："有了，我要让他占不到便宜。"一天，老狼的生日到了，来了许多客人，都是森林里的高级官员。小猴子来到粪坑边，舀了一担粪，挑到厨房里，并倒入锅中，只剩下一口锅没倒，还生起火。老狼来到厨房检查是否有人偷懒，看见小猴在烧东西，便问："你在烧什么？"小猴说："你自己看吧！"老狼揭开锅一看，里面全是粪，臭气冲天。老狼急忙捂住鼻子，怒气冲冲地骂道："你要干啥？"小猴子又说："你不是叫我吃粪吗？我得烧熟它，加点调料当着客人面吃，你才不赖工资。"老狼气得脸色发青，又不好发作，只好说："这题也算你解了，全年工资照付。"就这样，小猴子巧解了三道难题，终于拿到了全年的工资。

台州市黄岩区城关镇樊川小学五年级　许伟志

名师点评：

小作者能巧妙地运用一波三折的写作技巧编写童话故事。本文通过小猴智解老狼的三道难题，热情地歌颂了劳动人民战胜邪恶的聪明才智，说明劳动人民中蕴藏着无穷无尽的智慧。童话语言流畅，情节引人入胜，读后令人回味无穷。

——谢岳雄

六年级

乌丢丢旅行记

"呀，这是哪呀？"乌丢丢睁开眼睛，仔细一看，自己被摆在书架上了，周围有许许多多书，这才知道自己来到了书店。他兴奋极了，用充满好奇的眼睛环顾这一陌生的环境。这是一个很大很大的新华书店，上下共有三层，每一层都摆满了书架，书架上整整齐齐地排列着各种各样的书。这里的人真多呀！有的捧着书坐在凳子上专心致志地看着；有的牵着爸爸妈妈的手，仔细地搜索着自己要买的书；有的捧了一大堆书正在付钱……

看着来来往往川流不息的人群，乌丢丢多么盼望有一个爱书的小朋友把自己买走。不一会儿，一个小朋友牵着妈妈的手来到书柜前东张西望，似乎在寻找着什么。突然，眼尖的她把《乌丢丢的奇遇》从书架上抽了出来，捧在手里，小心翼翼地翻着。没看几页，脸上就绽放着鲜花般的笑容，嚷嚷着让妈妈把它买走。

于是，乌丢丢来到了新家。哇，书架上放着好多书：童话书、科技书、漫画书、国际大奖小说……这些书中有乌丢丢认识的，也有陌生的，这让乌丢丢感到好兴奋。乌丢丢立刻和那些朋友打招呼，有了新伙伴的加入，大家开心极了。

主人迫不及待地打开了《乌丢丢的奇遇》，津津有味地看了起来，仿佛那是一道美味佳肴。你瞧，她看得那样的专注、那样的入迷，仿佛自己就是乌丢丢，或是那位吟痴老人，或是演木偶戏的布袋老爷爷，或是……该吃饭了，可她舍不得放下，直到小主人的妈妈再三催促，她才十分不舍地放下书本，并随手将一枚漂亮的喷香的书签夹在书中。吃完饭，主人洗好手，又捧起书本，轻轻地翻着读着。主人这么喜欢自己，这么爱护自己，乌丢丢觉得自己实在太幸福了。夜深了，乌丢丢躺在小主人的床边，和小主人一起进入梦乡。在梦里，乌丢丢和主人一起走进了书的世界，在书的海洋里遨游，尽情地享受读书的乐趣……

第二天，小主人决定把乌丢丢带到学校去，让同学们共同享受。于是，乌丢丢跟着小主人来到了学校。小主人一放下书包，就赶紧把乌丢丢请出来。没想到，同学们一下子把小主人围了个水泄不通，还不停地问这问那，对这本书充满了浓厚的兴趣。乌丢丢看见这么多人来看自己既高兴又有点害羞。没想到，这天中午学校正好开展经典诵读活动，这下，全班同学一致要求小主人讲乌丢丢的故事给大家听。于是，大家都认识了这位"独脚大侠"——乌丢丢。

于是，从这天开始，乌丢丢开始了更漫长的旅行活动。但是每次要去一个新地方，乌丢丢的小主人总会再三叮嘱向她借书的同学一定要把手洗干净，一定要轻轻翻阅，不要把它弄疼了……听着主人的一句句叮咛，乌丢丢心里充满了感激。而且能给那么多的小朋友带去快乐，乌丢丢感到无比的激动和喜悦。

宁波市北仑区小港实验学校六年级　陈尔珺

名师点评：

　　本文最大的亮点是小作者选取了金波爷爷笔下的"乌丢丢"作为行文的线索，《乌丢丢的奇遇》这本书从书店到小作者的书房再到全班小朋友的手中，乌丢丢经历了旅行，不管哪一站旅途，"乌丢丢"的所见所闻都是孩子们对书的酷爱，展现了当代少年儿童爱书、惜书、如饥似渴读书的形象。小作者的习作语言朴实，描写细腻，感情真挚。

——张晓娥

鞋　魔

这是一片一望无际的海洋。一个小渔夫，乘着他那条小小的破船，在这海面看似平静，而海底却汹涌澎湃的海上航行。

"唉，要是能捞到一个可以为我实现愿望的魔鬼该多好啊！就像《渔夫和魔鬼》中写的那样。"小渔夫低声叹着气，第四十四次撒下渔网，"这样的话，我奶奶的病就有救了……"他总是这样想，但几乎每次都是颗粒无收。今天，也是如此。

"神啊。求求你，就让我捞到一条鱼吧，哪怕只有一条小小的鱼……我奶奶就快不行了！神啊，求求你了……"小渔夫十指并拢，虔诚地对着天空祈祷,之后,又拜了三拜。继而,才站起身,拉起了渔网。这次渔网里好像有什么东西,虽不沉,但也不小,不会是……鱼?! 小渔夫拉得愈加起劲了。网,被拉起来了。

"会是鱼么?"小渔夫迫不及待地打开渔网。可里面有鱼吗? 没有,连一片薄薄的鱼鳞也没看见。渔网里,只有一只过时了的大鞋。

"唉……"小渔夫垂下了眼帘,心中只有一股说不出滋味的失落,"为什么会这样? 为什么我就是捞不到鱼?""你想实现你的愿望吗?"一阵低沉的声音响起。

小渔夫惊慌地四处张望。在这茫茫大海上,除了自己,不见第二个人的影儿。那,究竟是谁在说话呢? 小渔夫声音颤抖着:"你,你是谁?""我是谁? 我是一个可以帮别人实现愿望的鞋魔!"还是那阵低沉的声音。

"可以为别人实现愿望?"小渔夫有点吃惊地说,"那,你也可以帮我实现我的愿望?""当然可以!"那个声音说。

"啊,那太好了!"小渔夫露出了笑脸,他有些急迫地问,"鞋魔,那,你在哪里?""我就是你捞到的鞋,我在你的脚边。"鞋魔说。

小渔夫赶紧弯下腰,小心地拾起正躺在地上的那只鞋。但他还是不能完全相信这只鞋是一个鞋魔。小渔夫试探地对那只鞋说:"你真的是鞋魔?"

"千真万确!"那低沉的声音正是从这只鞋上发出的。小渔夫差点没跳起来。他好容易才按捺住心中的激动。这真的是一个鞋魔!

"鞋魔,那请你实现我的愿望吧!"小渔夫激动得双手直颤抖,"我希望我奶奶的病可以康复,我还希望能有许多许多好吃的给她吃,让她一直快乐地生活下去!"

"可是,我的真身早在两千六百年前就毁了。而以我现在的形态,根本实现不了你的愿望,我……"鞋魔沉默了。

"那要怎么做才可以让你恢复真身?!"小渔夫焦急地喊着。

"两千六百年了啊,我的真身早就没了。"鞋魔的语气中不免有些伤感,"除非,我寄生在别人的躯体上。"

"那我把我的躯体给你吧! 奶奶是我在这个世界唯一的亲人了,只要能救奶奶,要我做什么我都愿意!"小渔夫双手握拳,一副视死如归的模样。

"但是,献出躯体后,这个献躯体的人的魂魄就会散去,再也回不到人世了,你再也见不到你的奶奶了。"鞋魔默默地说,"你真的敢么?"

"那我献出躯体,你会替我照顾奶奶吗?"小渔夫忽闪着眼睛问鞋魔。鞋魔只是沉默着,不作声,至于他是否同意了,只有他自己知道了吧。可是,小渔夫认为他懂了,他认为鞋魔已经默认了,于是说:"鞋魔,你来吧,我不怕,只要我奶奶好……"

……

"奶奶,我回来了。"是鞋魔的魂魄,小渔夫的躯体,他拖着满满一袋子的鱼。

"乖孙儿……咳咳,你回来……咳咳……啦。咳咳咳……"小渔夫这个小小的家,是那么的阴暗潮湿,是那么的破旧不堪。小渔夫的奶奶——一位白发苍苍的老人,正倚在床头边。她的脸色是那么的苍白,深深的皱纹爬满了她的脸。她很瘦,是那种皮包骨头的瘦,让人不忍多看。

"奶奶,我以后一定会好好照顾您的……"这是鞋魔的心声么?可是,他是一个魔啊,魔也有感情吗?我可以很负责任地告诉你,鞋魔真的有感情。不信你看:

在每一个日日夜夜,由鞋魔变的小渔夫在尽心尽责地照顾着奶奶。奶奶也一天天胖了起来——起码,她已不再是那种皮包骨头的瘦了。而且,她的乖孙儿一直在她身边,不离不弃,哪怕早已不是那个原来的魂魄,哪怕是两种不同的灵魂在主宰这具躯体。但那又有什么关系呢?两个魂魄下的小渔夫,是同样的疼她,爱她……

武义县实验小学六年级　章丁奕

名师点评:

> 这是一篇关于爱与承诺的童话,文章构思巧妙,情节也颇具匠心,整个故事既出人意料之外,又在情理之中。故事中的小渔夫为了奶奶可以献出自己的躯体,而鞋魔是为了一个承诺坚守着。本文语言朴实无华,行文如流水一般,给人明快舒畅的感觉!作者的爱憎包含在叙述之中,让读者深切地感受到:只要心中有爱,谁都能活得如故事中呈现的那般的精彩。
>
> ——胡晓芳

最后一片树叶

迷糊间,我闭眼在森林里独行,不知不觉走到了森林的深处,最深处……

当我睁开眼睛,却发现自己到了一处洞穴口。洞里,一双眼睛眨巴眨巴地盯着我。天哪!它往这边来了!我想跑,却四肢无力。我赶紧用双手捂住眼睛不敢再看。咦?脸上怎么毛茸茸的?睁眼一看,啊!这哪是手啊,分明就是一双狼爪!

　　我惊恐地跑到湖边，水面映出的身影：狼脸！狼脖！！狼身！！狼尾！！我咬了自己一口，好疼！不是在做梦啊！唉！我变成什么不好，偏偏要变成一只狼！那狼追了上来，我才看清是一只母狼，尾部有一圈红色。"嘿！兄弟！你跑什么呀？你叫什么名字？"哦？狼也会说话？"哦！我叫当如，你呢？"我看她挺和善的，就攀谈起来。"当如？不像是狼的名字。我叫威娅。你是新人，得去见一见狼王索比，瞧，他在那儿呢——"我随着威娅所指的方向望去，一只魁梧的大公狼站在那最高的山坡上，威风无比，只是眼神暗淡，好像在想着心事。

　　我和威娅爬上山坡，狼王忧郁地看着我，低沉地咆哮着说："小子，要是在平时我绝不允许生人踏入我的领地，但现在……"索比似乎被什么不得已的沉痛压得说不出话来。"该饿了吧。威娅！你带她去找些吃的。"这就表明狼王索比接纳我了！

　　威娅很快捕到了一只野兔。我也不管食物生熟，张嘴就咬，嗯，味道不错！"走！我带你去参加聚会！""啊！狼群聚会？"还没等我问完，就被她拉到了一处有众多山坡的地方。今晚的月亮真圆啊！狼三三两两占据着一个个小山坡，对着月亮嗥叫，有的叫得昂扬，有的叫得又十分抒情。萤火虫是灯，蝉们组成了一支乐队，蝉鸣是伴奏。

　　我和威娅登上了一个小山坡。她清清嗓子，唱了起来。威娅的声音真好听。以前我一听到狼嗥就起鸡皮疙瘩，可是现在，我却是用羡慕的目光看威娅，觉得狼也不是那么可怕的。

　　我听得入了迷，忍不住轻轻地唱了起来，我的声音变成了狼的嗥叫声。我们的二重唱优美嘹亮，传得很远很远……

　　我已经习惯了狼的生活，和狼群在石洞里睡觉，跟他们一起捕猎，一起玩耍，但我一直不明白狼王为啥老是愁眉不展的。

　　后来，在一个秋日的早晨，我和威娅正在睡觉，突然被一阵锯木的声音惊醒了。我连忙跑出洞口，看见狼王索比正凝视着前方，忧心忡忡。在他面前的森林里，大片大片的树木像波浪一样倒了下去。我一下子明白了他的忧虑。

　　此后不久的一天早晨，狼王向大家发出了准备迁移的命令。原因是：这片森林的树木已经不多了，原先长树的地方露出了狰狞的黄土，人类接着会在几天之内砍光这片树林。狼们看见远方已有一座座楼房拔地而起，这是个不祥的征兆。说明这里也很快变成这样。于是，狼群分食完剩下的最后一只羚羊，开始迁移了。我被迫向狼王索比和母狼威娅告别，因为我无法远行。但我不舍离开，因为我在这里毕竟与他们一起和谐相处了那么久啊！

　　看看威娅，她走在最后。她也是一步一回头，狼们越走越远，最后变成了一串黑点,依依不舍消失在了山头的后面……

我从地上捡起这片飘落的树叶,快快地回到家里,金红的晚霞照得我的皮毛比什么时候都亮。回家后我又变回人类。梦醒了,一切都过去了,这森林最后的一片树叶,我将珍藏,因为它记载着梦,记载着人类大地痛苦的变迁……

浦江县实验小学六年级　郑当如

名师点评:

> 梦,谁都经历过,但清晰难忘富有意境的梦,却是少之又少。小作者以细腻清新的文笔叙述了一个梦中故事,不由让人想起动物小说大王沈石溪写的《狼王梦》。故事中的"我"融入了狼的世界,与狼共唱,与狼共忧。立意是习作出奇制胜的关键,文章选材没有拘泥于童话故事,而是放眼社会,谴责人类为了一己私利,乱砍树木,以致可怜的动物不得不迁移,离开自己的美好家园。文章主旨具有很强的时代责任感,令读者掩卷深思良久,颇有教益。
>
> ——郭广伟

小猪唏哩呼噜搬家记

"少搬些!""小心,别摔坏了!"屋子里一片嘈杂,七嘴八舌的讲话声,急促的走路声,小朋友们的欢笑声……"到底发生了什么事?"小猪唏哩呼噜睁开蒙眬的睡眼,揉了揉眼睛,看到一屋子的人。"咦,前排住着的邻居上哪儿去了?"还没等小猪唏哩呼噜反应过来,他已被一个可爱的小姑娘抱在了怀里。"她究竟想干吗?我得问问。"可还没等小猪唏哩呼噜开口,他眼前一亮,已经来到了一个陌生的地方——书虫部落。

哇,好漂亮的房间!不,好一个多彩的童话世界!你看,屋顶是七彩的,吊灯也是七彩的,红、橙、黄、绿、青、蓝、紫,地面一片天蓝色,周围的墙壁则是温馨的粉红色。小猪唏哩呼噜眼睛睁得大大的,充满了好奇心:难道我们又搬家了?这里就是我们的新家。小猪唏哩呼噜兴奋不已。

这么多造型奇特、颜色艳丽的书柜,我会住哪一个呢?正想着,小姑娘捧着小猪唏哩呼噜来到了黄绿相间的书柜前。小猪唏哩呼噜仔细地打量着自己的房间:那是一栋四层的圆环形的别墅,上面三层供自己和小伙伴们住;底下一层是可以移动的锣鼓型的凳子,既可以藏书,又可以供小朋友们读书时坐。太有意思了!我好喜欢。小猪唏哩呼噜真想一个箭步窜过去。没想到,小姑娘仿佛懂他的心思,轻轻地将他放在书柜的最高层。小猪唏哩呼噜心里乐开了花。

"嗨，小布头，原来你在这儿！"小猪唏哩呼噜环顾四周，看见他的那位邻居住在前面一栋蘑菇形的紫色的别墅里正对着他笑呢。他发现不仅他的小伙伴们全来了，而且又来了很多新伙伴。他一阵激动，不由得惊叫起来："太好了！"

中午，才吃过午饭，小猪唏哩呼噜的新家——书虫部落就迎来了许多小朋友。小朋友们安静地有秩序地进来，挑选自己喜爱的书，捧在手里，坐在凳子上，津津有味地欣赏着。小猪唏哩呼噜同时被两个小男孩看中，他俩肩并肩坐下来，用干净的小手轻轻地翻，静静地看，脸上不时流露出微笑的神情。看来，他俩都被可爱的小猪唏哩呼噜迷住了。直到预备铃响起时，他俩才匆匆放下书本，急急忙忙赶往教室。放学时，又有很多小朋友来看小猪唏哩呼噜，有的没看上，心里很失望。看着这么多的小朋友喜欢自己，小猪唏哩呼噜心里比吃了蜜还甜。

夜幕降临，月亮姐姐爬上来了，星星弟弟也布满了夜空，周围一片寂静。小猪唏哩呼噜躺在床上，不由得想起了往事：还记得自己刚来这所学校时，住在三楼阅览室，虽然房间宽敞明亮，但是很少有人会来光顾，那些日子我可真孤独啊！虽然管理员经常打扫房间，但是我们身上还是常常积满灰尘。后来，学校开展了经典诵读活动，我们搬到了一楼。于是，每天中午，有很多小朋友前来和我们交朋友。现在……

想着想着，小猪唏哩呼噜进入了甜甜的梦乡……

宁波市北仑区小港实验学校六年级　张荷璐

名师点评：

　　本文选材独特，别具一格。小作者将孙幼军爷爷的童话作品中的人物"小猪唏哩呼噜"作为习作的主人公，以它搬到新家后的见闻为线索，选取了房间的布局、书柜的布置、小朋友的面貌展开细致描写，为我们刻画了一群护书、爱书的孩子，并巧妙地将新家与旧居进行对比描写，侧面反映了学校开展经典诵读活动以及书香校园建设的情况。

——邵佩红

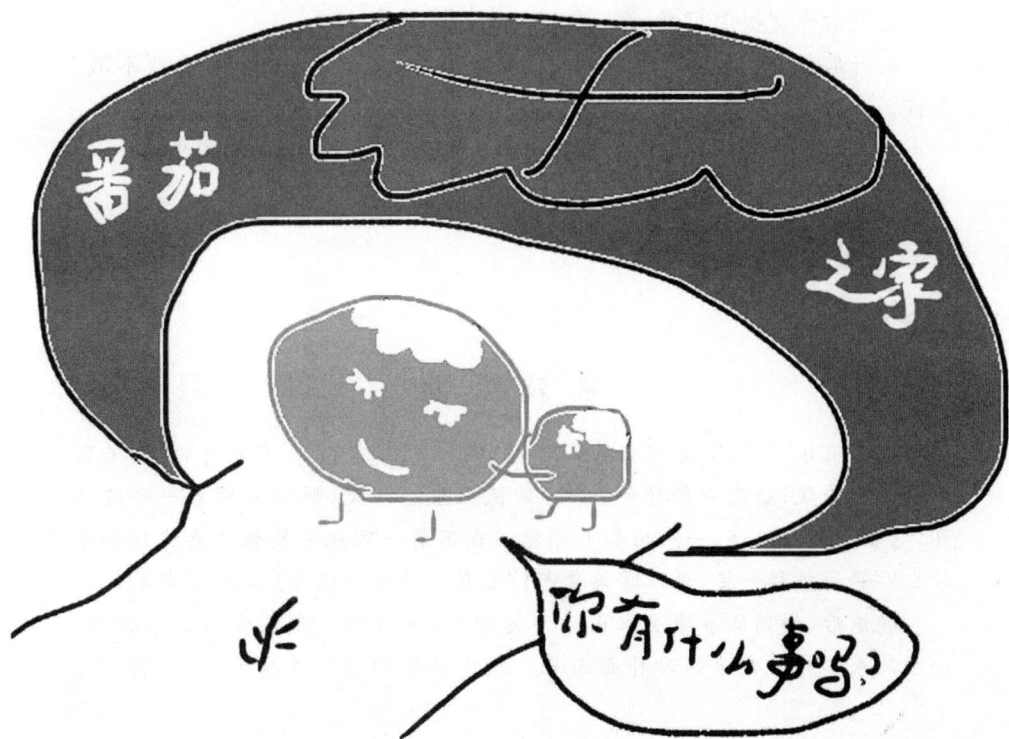

关联教材　日积月累

开放作文,是不限题材、不限体裁,学生想写什么就写什么,想怎么写就怎么写的自由作文。基本上每个年级都有一个单元的习作,是开放的自由写作。

真题呈现　小试牛刀

同学们,这个学期我们写了不少习作,有的介绍家乡景物,有的介绍风景优美的地方,有的自我介绍,还写了自己学习本领的过程,也写了父母对自己的爱,还展开想象编了有趣的故事……学期即将结束,请你展示你最成功的一篇习作吧!

——三年级(下)温州瓯海区期末统考

点滴技法　友情快递

1.开放作文鼓励学生放开写,努力张扬自己的习作个性。

2.开放作文提倡写真、善、美,反映真、善、美。

3.开放作文,虽说开放,但开放不是随便,文章还是以"形散神不散"为佳。

4.开放作文既是练笔,也是展现自我,应力求新、力求精、力求出彩。

名校范文　快乐分享

三年级

茉莉兰雪

我家有很多茶具,有宜兴的紫砂壶,犹如灵性的璞玉;有台湾的"新呆丽人",小巧玲珑;还有景德镇的盖碗,细腻温柔。今天,妈妈又买来一个玻璃杯,它长得高高胖胖,一点儿都不可爱。我不屑一顾地问妈妈:"要这杯子干什么?"妈妈神秘一笑,说:"赏茶舞啊!"茶舞?茶还会跳舞?我将信将疑。

晚饭后,妈妈从茶罐里取出一茶匙的"茉莉兰雪",倒入雪白的茶荷里,一股沁人心脾的香味顿时扑面而来。我小狗似的使劲多嗅了几口,啊!真爽！接着，妈妈往玻璃杯里倒了三分之一杯热水，然后把茶荷里的茶叶拨入杯中，再从高处往杯中加满热水。杯子里的茶叶顿时随着热水翻滚打转。过了一会儿，这些四下翻跟斗的茶叶才慢慢地平静下来，浮在水面。我想：这和其他的茶没什么区别啊？

可就在这时，神奇的事情发生了。

有一片茶芽开始缓缓地垂直地往杯底下沉，然后笔挺地站在杯子的底部，像一柄绿色的宝剑，也像草原上站得笔挺的哨兵。紧接着，一片一芽一叶都笔直下落了，像是两个人拥抱着从高空跳伞，不过"落地"的时候站得可稳了，一点都没有东倒西歪。越来越多的茶叶从水面往杯底下沉，它们有的下来又上浮，然后再下来，一下一上，像是在高空蹦极；有的在杯子中间悬浮了一会儿，好像在跳水中芭蕾；还有的沉入杯底时干脆就站在其他茶叶的芽尖上，像是在表演杂技叠罗汉呢！我被这美丽的茶舞深深地吸引了，时而凝视，时而大笑，时而拍手，时而称奇！

杯底的茶叶越来越多了，它们好像都商量好了似的，一根根都笔挺地站立着，像海底一丛丛的珊瑚，还有几片雪白的茉莉花瓣在其中穿梭游荡，像几条玩得不肯回家的小白鱼。

当茶舞结束时，茶也泡好了。我凑近一闻，一股茉莉的浓香伴着绿茶淡淡的清香扑鼻而来，沁人心脾。我迫不及待地尝了一小口，含在嘴里，就像含住了整个春天。再缓缓地咽下，一会儿，喉咙里泛起一丝丝甘甜的滋味。

这就是"茉莉兰雪"，难怪宋代诗人江奎专门盛赞茉莉说："他年我若修花史，列作人间第一香。"

春天的夜晚，赏茶舞，闻茶香，品茶爽，真幸福啊！

舟山市南海实验小学三年级　毛俊仁

名师点评：

本文最可贵的是描写细腻，语言生动。小作者运用比喻和拟人等手法，表现了极其丰富的想象和细致的观察，将一次泡茶经过变成了"赏茶舞"的美妙之旅。在小作者的眼里，每一片茶芽、茶叶都是一个极富生命力的舞者，尽情展示着自己的舞姿。字里行间，我们深深地感受到"茉莉兰雪"的形、色、香，还有那甘甜的滋味。　　——孙琼艳

蓝　天

我托着下巴,站在窗前,眼睛直勾勾地把目光放在一望无际的蓝天上。

蓝天上有什么?有欢快的鸟鸣声轻轻地回荡。鸟儿奔波于一座座房屋之间,使家家户户都陶醉在这清脆的歌声之中。蓝天上有什么?有云朵儿把自己洁白的衣裳挥动,好似一位美丽的姑娘向我挥手。蓝天上有什么?五彩的霞丝儿挂在天边,伴随着西沉的太阳,回落山后……

当太阳把最后的霞光洒向大地,夜晚即将来临。鸟回巢了,云朵穿上了黑衣裳,霞丝儿和太阳赶回了家。我仍旧站在窗前,观赏蓝天之美。天渐渐黑了,一切都是如此宁静。现在蓝天上有什么?小星星调皮地眨着眼睛,跳来跳去,婉转地唱着晚歌。它们是那样可爱,那样调皮,月亮姐姐和云儿们怎么也忙不过来,急得团团转。多亏了蓝天先生严厉的呵斥,它们才停了下来……

蓝天上是多么的美丽,成千上万的奇观齐聚一堂,每天都热闹!

宁波市江东区实验小学三年级　丁　昊

名师点评:

> 读着小作者的文章,仿佛走进了一片清新美丽而又宁静的天地。诗意优美的语言,优雅的意境,让人感到心旷神怡。小作者很善于观察生活,能敏锐地捕捉一个个美丽的瞬间,是个生活的有心人。写作也就是这样,爱生活,留心生活,才能写出好文章。
>
> ——刘二丽

四年级

"养鱼"和"养人"

我家院子里有一个小鱼池,里面养着十来尾漂亮的红鲤鱼、小金鱼以及我和妈妈从小溪里捉来的不知名儿的溪滩鱼。这些鱼儿,有的遍体通红,像火焰女神;有的浑身雪白,像白雪公主;有的披着黑礼服,像魔法大师;有的穿着条纹衫,像斑马先生。我们一家人常坐在鱼池边,喂鱼、观鱼,这小小的鱼池给我们带来了无穷的乐趣!

今年过年时,一个朋友送来了一大袋活蹦乱跳的鲫鱼,一时吃不完,于是妈妈把这二十来条鲫鱼全部倒入了小鱼池里。看着一大池的鱼儿,我满心欢喜,心想:这么多的伙伴加入,鱼儿们过起年来一定更加热闹,更加开心了！

可过了两三天，不幸的事儿发生了：两三条鲫鱼，肚皮朝上，死掉了！起初，我们以为这是鲫鱼在被捕获时受伤所致，也没放在心上。但悲剧相继上演，今儿一条，明儿两条，鱼儿不断地死去！直到有一天，鱼池里漂上来一条红色的鲤鱼，妈妈才惊慌失措起来：看来死因并不像我们想的那样简单。全家为此十分痛心，要知道这些红鲤鱼是和我们一家子一起搬进新居的，它们在这鱼池里已经生活了四五年了！

为了弄清鱼儿死亡的真正原因，我们后来上网查了资料，这才知道养鱼有很多的学问。多大的鱼池，多深的水，养多少鱼是有限制的。不能你想养多少就养多少。不然养多了，鱼儿就会缺氧死去！

我们这才恍然大悟！妈妈连忙去"清理门户"，但损失已无可挽回："火焰女神""斑马先生"，还有许多"名鱼"都被我们的无知"害死"了！

我们难过了好几天。"反思会"上，妈妈拉着我的手，语重心长地说："看来'养人'和'养鱼'一样：都不能太贪心！都要有个'度'，过'度'了，往往事与愿违！比如说一个母亲，希望自己的孩子全面发展，就逼着孩子去学舞蹈，学钢琴，学绘画，学书法，学英语，学奥数……你想，结果会怎样呢？""当然是疲惫不堪，什么都学不好了！"我抢着说。妈妈点了点头。我接着说："妈妈，你可不要这样来'养我'哦！"妈妈笑了。

仙居县安洲小学四年级　吴非可

名师点评：

> 本文小作者能够留心生活，由"养鱼"想到了"养人"，选题新颖，切入巧妙，富含哲理。开篇用了比喻、排比，写出了鱼池的勃勃生机，为下文做了铺垫。结尾用妈妈的话点题，诠释了"生活中处处有学问"的道理。整篇文章朴实真切，通俗明白，无大话空话，能联系生活实际，能给人以有益的启迪。
>
> ——潘丹婷

眼保健操，爱你真的不容易

尽管老师千万遍地告诉我们：一天做两次眼保健操，是为了保护我们的视力，是有利无害的好事，是值得大家认真对待的事……可不知为什么，我就是不喜欢做眼保健操！每当到了这一时间，我就特别羡慕那些被老师安排去捡垃圾、整理桌椅甚至是被罚站的同学，因为他们不用做这让人厌烦的眼保健操啊！你相信吗？倘若我有3颗愿望星，那么我一定会用其中一颗愿望星，让它帮助我实现不用做眼保健操的愿望。

"眼保健操现在开始……"这不，伴随着我四年的音乐此刻又在我耳边响起了。一听见这个音乐，我就在心里默念着："世界末日现在开始！"可没办法啊，我无精打采地往桌子上一趴，双手心不在焉地在眼部胡乱地按摩着，嘴里不停地打着哈欠，一声、两声、三声，心里也不停地念着："快点结束，快点结束……"

可才做到第二节，我的眼睛就向我抗议了："我必须得睁开一会儿！"我悄悄地眯着眼，朝四周望了望，老师不在，但班里同学却默不作声，个个都在认真地做着，哪怕是装模作样。我奇怪了：咦，我们班同学难道见鬼了，怎么现在这般听话？难道刚才值周生已经来查过了？糟糕，我会被记下吗？我心里顿时慌张起来。

我赶紧闭上眼睛，装着一本正经的样子做了起来。"笃，笃，笃——"敲门声响起，我微微张开眼睛，感觉到一个矮小的身影站在门口，肯定是值周生！我立刻紧闭双眼，表现出一副更认真的态度。"8组6号！"传来值周生无情的声音。我把目光悄悄地向8组6号那边移去，是"浩子哥"，他正站在窗前优哉游哉呢！

见自己被点名，机灵的"浩子哥"泰然自若，立刻用手指了指帘子说："我是拉那个的！"说着，他就慢悠悠地拉着窗帘绳。值周生没再说什么，又把目光投向了其他同学。"这……这也能行，不会吧？"我小声嘀咕道。

"第三节——揉四白穴……"我的亲奶奶呀，不会吧，才第三节啊！这时候，我再也待不下去了，立刻站了起来，走到值周生面前，面带微笑地说："你好，不好意思，我想起来了，语文老师让我去办公室捧作业呢，你可千万别把我记下哦！"说完，我就一溜烟地向罗老师的办公室跑去……

回来时，我手里捧着一叠作业本，心里比吃了11根棒棒糖还要甜，因为我终于不用做眼保健操了！一回到班，我就开始慢吞吞地发作业本了。一本，两本，我是那么满怀喜悦地把每一本本子亲自送到它的主人桌上。现在传来的眼保健操音乐也已不再那么惹人厌，似乎在为我发本子的优雅举动伴奏呢！就这样磨蹭呀，磨蹭呀，我一直磨蹭到眼保健操结束的那一刻……

唉，现在你能体会我的心情了吧！可不是吗，如果爱什么东西都容易，可眼保健操啊，别说我不爱，因为爱你真的不容易啊！

衢州市实验学校四年级 吴佳蔚

名师点评：

> 本文语言流畅，风趣活泼，紧紧抓住了"我"的言行举止及心理变化，生动地再现了"我"一开始应付做眼保健操，到最后寻找理由躲避做眼保健操的真实情形，让读者能想象出当时的画面，真切地体会到"我"对眼保健操的不喜欢。文章结尾概括点题，与开头呼应，使全文结构完整，浑然一体。
>
> ——罗小燕

五年级

尘·舞

早晨，和煦的阳光透过阳台上的落地窗，悄悄地溜进了屋内，立刻，温暖肆意地铺满了我的房间，我懒懒地伸出手去抚摸这冬日难得的温馨。

"一腾，你看，灰尘在阳光中跳起舞来了！"妈妈的一声惊叹唤醒了睡意朦胧的我。"灰尘也会跳舞？"我一脸的疑惑。"真的，你看，这粒灰尘头长长的，尾巴圆圆的，像一把白色的小提琴！"妈妈难掩心中的惊喜。

我揉了揉惺忪的双眼，目光追寻着妈妈的手指。果然，阳光下，有许多白色的东西在飞舞。正是这些可爱的小精灵带给我清晨无尽的惊喜，于是我也开始仔细地观察起它们。这边一粒小小的，圆圆的，像一粒小水珠；那边一粒一头长而尖，一头椭圆，像一把会飞的魔法汤匙；这边一粒两头尖尖的，中间有些略宽，像一片飘飞的羽毛；那边一粒外圆内空，首尾相接，像英文字母"O"；这边一粒弯弯曲曲，一扭一扭的，像活泼可爱的毛毛虫；那边一粒有着长长的脖子，翘翘的尾巴，像个晃晃悠悠走路的鸭子……

渐渐地，我对灰尘产生了兴趣。

"看！我这儿的灰尘才多呢！"妈妈手拿法宝——毛衣，一拍，灰尘便在空中漫天飞舞起来。盛大的灰精灵舞会开始了。它们一会儿踩着慢四的节拍，悠然地轻移；一会儿踏着快三的旋律，怡然地旋转；一会儿随着爵士的音乐，有力地挪移；一会儿随着街舞的节奏，狂放地踢踏。那翩翩的舞姿看得我眼花缭乱。

我也不甘示弱，拿着被子轻轻一甩，妈妈那边的灰尘便被吹了过来，像平静的湖面上漾起了一圈圈的涟漪。它们或疾速飞舞，或上下翻飞，自在而怡然。我轻轻地舞起了我的手指，而它们亦如影随形般地舞了起来。当我上升时，它们便竞相俯首下挪；我下移时，它们便如约仰首飞跃，婀娜的身段、曼妙的舞姿虽没有悦耳的音乐相伴，亦绽放如花。几许舞动，我终于读懂了其中的奥妙，想必是我的手指移动带动了空气流通，而这些微尘薄如蝉翼，轻如羽毛，自然经不起这样的大浪，于是便在阳光中翩然起舞了。

带着好奇心，我又朝灰尘吹了一口气，灰尘就在瞬间消失得无影无踪了，但新的灰尘又如影随形地飞舞而至了。

我和妈妈面对面朝灰尘吹气，灰尘便飞速地转圈，一连转了好几个圈，像晕了似的。过了很长时间，它们似乎才慢慢地透过气来，悠悠地漫步了起来。

看着这些微小的颗粒，我突然觉得，原来我的身边处处是美丽的风景，哪怕只是一棵树，一朵花，哪怕只是一粒灰尘，一颗石子。只要我们仔细观察，再微不足道的事物也能让我们有豁然开朗的大发现。

临海市哲商小学五年级　韩陈一腾

名师点评：

> 小作者有一双善于观察的慧眼，也有一颗善于创造的慧心，更有一双善于描绘的慧手。正是由于这慧眼、慧心、慧手，一场美丽而独特的灰尘之舞被发现、捕捉、定格了！惹人讨厌的灰尘，渺小到极致的灰尘，竟然可以写得如此可爱而富有灵性！稚嫩而纯真的童心，竟能将一个寒冷而普通的早晨变得如此温馨动人、富有诗意！
>
> ——王乐芬

生命的敞亮

走在公园的小路上，和风迎面吹来，轻轻擦过我的脸颊，并不觉寒冷。周边的草地随意地铺着大块小块的新绿，树上的新芽似乎也密了很多……这一切都使人想着一样东西——生命。

草地中间，有一个不大的池塘。水很清，风儿暖暖地拂过，便微微泛起一点涟漪，掀起一阵翡翠般的墨绿。突然，隐隐的水草丛中，出现了几个小黑点儿。豌豆般大小，圆圆的，在水草之间慢悠悠地穿来穿去。走近细看，后面还有一条又细又长的小尾巴。哦，是小蝌蚪！好可爱的小蝌蚪啊！这让只在《小蝌蚪找妈妈》的故事中听闻过蝌蚪的我欣喜不已。心一痒，瞅准时机，便伸手去抓。运气也真好，一抓一个准，一只、两只、三只……只一会儿，我的手心里便聚满了一群"小黑点儿"。我的心中一阵激动，瞅着这些小家伙左看右看,欲罢不能。

小蝌蚪真可爱,小小的,软软的,在我的手心里拼命地蠕动着。脱离了水的保护,这些小家伙似乎显得有些无力。但即便是这样,它们却仍似在极力地挣扎,拼命甩动着尾巴。我感觉到一股生命的力量在我的手心里涌动。那样强烈!那样鲜明!莫不是这些小家伙想找回自己的自由?我的心头不觉一颤。我突然意识到,手上的这一个个蠕动着的小家伙,其实也是一个个活生生的生命。想到这儿,原本打算找个器具把这些可爱的小家伙带回家的我,犹豫了……

我有什么权利禁锢这些小生命的自由?我又有什么权利来决定这些小生命的何去何从?我不该这么自私,我更不该这么残忍!我忽然想了很多,心头也倏地亮堂起来……

于是,我俯身将满手心的这一群小家伙轻轻放入水中,双手合十……这些小家伙似乎也读懂了我的意思,在水中不停地摇摆尾巴,好一会儿才依依散去……

我微笑着抬起头,天空还是那么蔚蓝,小草还是那么嫩绿!而我的心亦越来越透亮了。是的,这些小家伙,让我更加明白,生命,值得尊重,哪怕它仅仅是一只小蝌蚪……

上虞市阳光学校五年级　谷臻裕

名师点评:

　　与生命感悟有关的文字非常难写,特别是对于五年级的孩子而言。难能可贵的是,臻裕同学有一颗极其敏感而善良的心。很多时候,对于生活,对于生命的敏感,总能让人发现很多颇有价值的话题。再者,透过文字,恰到好处地表达对生命的悲悯、尊重和敬畏的同时,我们也发现无论是布局构思还是行文风格,作者都是别有风格!

——王铁青

武松应聘记

话说,武松来到景阳冈,乱拳打死一只猛虎后,就跌跌撞撞下冈了。走到半途,突然半空闪起一道青光,从天上掉下来个盒子。武松捡起盒子,见盖上写着四个大字"月光宝盒",打开盒子里面空空如也,但是盒盖的内壁刻着一行字,武松轻声念了出来:"般若波若密!"话音刚落,只见又是一道青光闪起,青光过后武松和盒子都消失不见了。

"嗖"一声,武松穿越到一个地方。武松见这里人生地不熟的,就赶忙打听,打听之后才知道他来到了2016年的安吉,武松想了想:"反正也回不去了,不如找个工作干出一番事业。"

武松是个古人啊!不识现代字,武松就随便找个店跨进去了,没想到居然是一个银行,当时武松穿着古时衣服,提着棍子,还胡言乱语,保安看了以为是神经病,就拿着警棍挡在武松胸前问:"你是谁?来干什么?"武松一拍胸膛说道:"我是武松,来找工作。""你是武松?我还是宋江呢!你要找工作去《新水浒》剧组吧,去去去。"保安说着还用警棍往武松胸口轻轻敲了一下。武松捂着胸口走了,嘴里还不停说:"这家店小二对人真冷淡,帮他们干,还不要!"

武松走着,看见一群拿着枪的特警在巡逻。武松盯着特警队长看了半晌:"莫非这是捕快队长?干抓贼这行的,要不试试能不能当上捕快?"武松一个箭步冲上去说:"我可不可以加入捕快队?"只见那队长斜眼瞥了武松一眼说道:"体格还可以,不知道身手怎样?"武松一听,摆了个对战的姿势说:"少侠,请!"队长先是一愣,然后往武松冲去。武松身强力壮,连老虎都打得过,一个特警队长自然是不在话下,没几个回合队长就被打得鼻青脸肿。那队长用颤抖的手指着武松说道:"你合格了,去跟副队长领装备!"武松来到武器库,副队长挑了把小手枪给武松。武松见了说道:"这啥玩意儿?我要大刀。"副队长看了武松一眼说道:"得了吧,你又不是武松!"武松用铿锵有力的声音说道:"大丈夫行不更名,坐不改姓,我就是武松。"副队长一惊说道:"你,你真是武松?""当然。"武松说。

"看来咱俩是同病相怜。"副队长说,"我就是景阳冈脚下的店家啊!"武松大吃一惊,说道:"原来你是给俺筛过十八碗酒的店家啊,看来咱俩真有缘分。""是啊,对了,我教你这玩意儿咋使,先装子弹,再上膛……"副队长一边演示,一边解释给武松听。武松夺过枪说:"这么个小东西要人命啊!"副队长说:"这东西不能朝人乱开,我们是特警,要承担保护市民的责任,还有你不能把你的名字报上部队,要不把你的'松'字的'木'隐了,改叫武公。"武松答道:"好,管他公还是母,有名字就行。"副队长说:"LW8001武公听令,今起你加入我三小小分队,要尽到保护特级教师王自文的责任懂吗?"武松深吸一口气大喊道:"明白。"

一年后,武松和店家已经是枪法如神、弹无虚发的神枪手了,正当总部要提升他们为特种兵时,随着一个盒子的出现,他俩突然一起消失在一年前刚来到这个世纪时的路上……

安吉县递铺镇第三小学五年级　韩滨宇

名师点评：

> 本文是小作者学习了《景阳冈》后的一篇习作，文笔虽还显稚嫩，但想象令人叫奇。读完打虎英雄武松的"穿越剧"，相信大家眼前一定会浮现出一个虎头虎脑、有些淘气、有些调皮甚至有些江湖义气的小作者形象。顺便透露一个信息——小作者在班里还真是这样一个可爱的男孩。
>
> ——王自文

六年级

假如有来生

我一向很讨厌医院，因为它蕴含着太多的生死离别。但总有一天，你不得不面对它，而且它与你挚爱的亲人有关。

那是一个明媚的中午，当我听到那个噩耗时，仍固执地认为是个玩笑。直到站在医院门口，我才醒悟过来，难道妈妈说的都是真的？我狠狠掐了一下自己，很疼，不是梦中。一刹那，我的大脑一片空白，我不敢相信地一遍遍问道："这是真的吗？真的吗？………"这个意外，让我的泪水决堤，它让我失去了一个亲人，它让我不再拥有那一份爱，甚至还剥夺了我从此再叫"爷爷"的权利。

黑色的伞，燃烧的烛，白色的花，爸爸通红的双眼及沙哑的嗓子，包括我身上所穿的黑色衣服，都让我感到恐惧。第一次面对生死离别，我的心被撕碎了好几次。望着眼前悲伤的亲人，记忆的碎片组合成了一幅幅画面：70岁生日宴会上，爷爷的笑脸和酒杯相互辉映，蛋糕上蜡烛的火苗不停地跳跃；书桌上，爷爷手执剪刀和稚嫩的我一块儿做风筝；水库边，爷爷手拿钓鱼竿，旁边是一只桶，里面已放满了鱼……而此时，蜡烛的火苗仍在不停地跳跃。一切的一切，让我来不及反应就强行逼我接受。昨天来医院看望爷爷时，爷爷还微笑着冲我摆摆手说："再见。"谁知那是永别，以后再也见不到爷爷了。

长长的送葬队伍和数不清的挽联、花圈看起来像一条长长的、看不见尽头的河。我曾听说过一句话：让悲伤逆流成河。此刻，我心中的悲伤也正在慢慢成为一条河。我讨厌这条河，但又不得不承认，那时的我的确什么也不想干，只想痛痛快快哭一场。

假如重新来过，一切都从头开始，又会怎么样呢？不愿去想爷爷的逝去，我再次陷入沉思……

记得还在上幼儿园的时候，有一天放学后很久，家人还没来接，我急得哭了。那时候的我在小伙伴中间算是一个有点"严肃"的人了，总以为自己懂很多东西。于是在爷爷来时，小小的我擦干眼泪吸着鼻涕，很认真地对爷爷说："爷爷，是不是我做错什么了？为什么爷爷不要我了？"爷爷听了这话，把我抱了起来，胡子戳着我的脸，痒痒的，喃喃地说："宝宝没有做错，是爷爷不乖，爷爷不好，都怪爷爷，宝宝原谅爷爷好不好？"我很认真地点点头，高兴地拍着小手："爷爷认错喽！嘻嘻！"

要是重新回到那快乐的时光，我会好好地珍惜爷爷给我做的风筝，会安静地聆听爷爷那曾经讲了又讲的故事，会乖乖地看爷爷钓鱼……我似乎看到爷爷眼中隐隐的笑意和浓浓的宠爱。

如今，爷爷离我而去。我想深情地对他说一声："爷爷，我爱您！假如有来生，我愿再做您的孙女！"

东阳市实验小学六年级　赵楚涵

名师点评：

"假如有来生"，这样的题目对于小学生来讲，是一个非常沉重的话题，但读了本文后，我更多的是感动：为小作者对爷爷的那份爱感动，为小作者细腻而丰富的情感感动，为小作者写作的那份用心感动……人啊，要好好珍惜，珍惜现在所拥有的一切，生活就会更美好！本文语言流畅，条理清楚，全文表达了对爷爷满满的爱、深深的不舍，是值得一读的好文章。

——许培卿

单飞的滋味

"有时候我觉得自己像一只小小鸟，想要飞，却怎么样也飞不高。也许有一天我栖上了枝头，却成为猎人的目标；我飞上了青天才发现，自己从此无依无靠……"

小时候，我讨厌母亲的责骂，讨厌父亲咄咄逼人的目光，一直想去"单飞"，直到长大了，才开始渐渐明白父母的苦心。现在，每当听到开头的这首歌时，便会勾起昔日的记忆，那些记忆的碎片如电影胶片一样，在我脑海中历历在目，那么的清楚。

暑假，父母让我随夏令营的老师去山区体验，我在心底默默庆幸：终于可以离开他们了。一路的颠簸，远离城市的喧嚣，我投入了大山的怀抱。刚下车，前一秒还在为离开了父母得以释放而感到欣慰，一秒之后便被眼前的事物所吓倒：摇摇欲坠的楼房，肮脏凌乱的宿舍，飞尘漫天的厨房……这里，真的能住人吗？我随手拉起身旁的箱包，茫然地跟着带队老师走进宿舍。只见木床板上积了厚厚的灰尘，我拿出手帕费了好大的工夫才将它们掸去，坐下，打开电脑。几分钟后，宿舍内一阵阵惊呼："天，这个山区连个信号都没有，手机、电脑都不能用。"教练显得习以为常说："你是来体验山区生活的，本来就是不允许带这些东西的，你们带来也就算了。还有，老师应该在课堂上已经告诉过你们，山区可能会没信号吧？"大家只好叹息，各人收起手机和打开的电脑。

夜晚，繁星满天。可在这栋破旧的楼内，再美的夜空也只会为这个地方添上几分恐怖。略带寒意的风拂过寂静的夜晚，卷起孤零的落叶和凋谢的花瓣。远处，苍鹰凄凉的长吟，撕心裂肺地响彻夜空。走出屋外，我抬头看看四周，月光下的一切都那么苍白。忽然，我感觉脸颊上似乎有什么冰凉的东西划过，泪水吗？或许不是。再向对面的楼了望，只有几个窗户有点灯光。没有喧闹的人声，没有汽车刺眼的灯光，也没有在家里听腻了的歌声。死一般的寂静。我于是快快地回到房内，而自己的床只有几块空荡荡的木板。我开始想家了，开始思念母亲了……啊，在家多好啊，什么都有母亲替我做好，包括铺床、叠被子，而如今，一切都要自己做了……

我后悔了，耳边又回响那熟悉的歌词："我飞上了青天才发现，自己从此无依无靠……"

杭州师范大学东城小学六年级　夏晓璐

名师点评：

　　本文贵在真实！小作者写出了向往自由的真实心声，写出了自己在山区体验生活的经历。行文开头以《我是一只小小鸟》导入，写出自己的现实生活——母亲的唠叨、父亲的管教使她感觉到"受约束"的事情太多了，由此产生了"单飞"的念头。文章重点叙述了她在山区体验生活时与她理想中"自由"的落差，从而体验到自己的现实原来那么美好。结尾再次唱响了《我是一只小小鸟》，既做到了首尾呼应，又是对自己幼稚想法的自嘲。

——沈鹏

黑 玫 瑰

清晨,花朵上挂着晶莹透亮的小露珠,薄雾还没有彻底散去。我独自一人来到公园,进行晨练。

"太累了,先休息一下。"我这样一想,就在公园的长木椅上坐下休息。突然,我看见公园的花圃里,好像有一个人影。"咦,那是谁呢?"我感到奇怪,急忙站起身来。

走进花圃一看,原来是一个男孩,他的面前摆着一块画板,手上握着素描笔不停地在画板上画着什么。他画的速度很快,原本雪白干净的画纸上很快出现了一朵花的大概模样。

"这是玫瑰吧?"我看见他身边的画盒敞开着,便拿了一支红色彩铅递给他。那个男孩看了我一眼,没有说话,伸出手,径直从画盒里取出一支黑色的彩铅。"你要画暗夜中的玫瑰吗?"我疑惑地问道。

"不是。"他张了张口,但只是淡淡地吐出这样一个词。我疑惑地问道。"那你要画什么?""黑玫瑰。"我一惊:"世界上有黑玫瑰吗?"

我抬起头,看到那些我种在花圃中的玫瑰都是红色的,是如同烈焰般的红色。那为什么,为什么这个男孩要画这个世界上似乎并不存在的黑玫瑰呢?

就在我不停思索的时候,男孩已经完成了他的画作。我凑上去一看:黑色的玫瑰在画纸上怒放,真的如暗夜一般,深沉,也深邃。

"你为什么要画黑玫瑰?"我见他要走了,赶忙又问。他转过头答道:"我只是画出我的心而已。"这时候,我才发现,男孩的右腿裤子里空荡荡的,手里还拿着一副拐杖。男孩慢慢走了,在朝阳中,他的步子是那样艰难却又那么执着。

回到家,我把这件事跟爸爸说了。爸爸拍拍我的肩膀,说:"很简单,那个男孩因为腿残疾,所以他的心埋在阴暗里,这样,他笔下的玫瑰自然也就是黑色的了。"

我点点头,脑海里又浮现出那朵黑玫瑰,黑玫瑰虽然也美,但总觉得承载了太多的忧郁。男孩啊,什么时候你才可以把玫瑰画成红色的呢?

三门县实验小学六年级　郑潇迪

名师点评：

　　这篇习作很有点微型小说的味道，有人物，有情节，有简要的议论。文章以黑玫瑰为题，亦以黑玫瑰为线索，组织故事情节的推进。

　　小作者明写男孩将玫瑰画成黑色这件事，实则借此反映男孩因自身残疾而导致的阴暗心理。作者的意图是通过此文，唤起人们对残疾儿童的进一步关爱。文章描写细腻，主题积极，是难得的佳作。

——林星剑

向小朋友约稿啦

小朋友：

从今年开始，我们将逐年选编、出版浙江省小学生优秀作文和小学生文学作品。具体事项如下：

一、关于浙江省小学生优秀作文的征稿

1.此书向浙江省内小学三至六年级学生征稿。本次征集的是 2017 年的小学生课内外习作。内容、体裁不限，但必须思想健康，有显著特色。每生限送一篇（发表过的不可）。

2.每篇字数：三、四年级 300—600 字，五、六年级 600—1000 字。

3.文稿前须请老师写一段不少于 120 字的"推荐入选理由"（类似于点评），并请署上老师姓名。

二、关于小学生文学作品的征稿

此类书稿面向全国小学四至六年级学生征稿。这次征集的是小学生诗歌选、小学生童话选、小学生散文选和小学生微小说的书稿。要求必须是学生本人的作品，且内容健康，符合相应文体要求。诗歌每首限 20 行以内，童话、散文、微小说每篇限 2500 字以内（发表过的不可）。

三、其他事项

1.书稿请写清作者单位（包括省、市、区、县、学校、年级、班级）、姓名及联系方式（电话或手机号）。

2.书稿请发至邮箱 smwsg2653@126.com 或 420850460@qq.com。在文稿质量相同条件下按来稿先后录用。录用文稿在书出版后将赠送样书作为稿酬。

3.书稿由我省资深教研员王深根老师组织整理，浙江工商大学出版社出版发行。

4.此稿约长期有效。

2017 年 7 月